웹 3.0 사용설명서

WEB 3.0
HANDBOOK

당신이 주인이 되는 새로운 경제

웹 3.0 사용설명서

백훈종 지음

WEB 3.0

왜 아직도 비트코인 같은 걸 해?

암호화폐에 대한 갑론을박

웹 3.0의 대표주자로 여겨지는 암호화폐가 처음 뉴스에 오르내리기 시작했을 때, 사람들은 암호화폐를 범죄에 악용되는 사이버머니 또는 인터넷 게임에서 아이들이 갖고 노는 게임머니 정도로 생각했다. 정·재계의 내로라하는 유명인사들도 네덜란드 튤립 버블과 비슷하다며 깎아내리기 바빴다. 유시민 전 장관과 카이스트 정재승 교수가 비트코인Bitcoin을 주제로 한판 붙었던 MBC <100분 토론>은 2018년 당시 지식인 사회에서도 암호화폐에 대한 전망이 매우 양극화되어 있음을 여실히 보여줬다. 특히 대한민국의 규제당국은 암호화폐를 사설 도박과 비슷하게 인식하는 경향이 컸다. 당시 박상기 법무부 장관의 '암호화폐는 도박과 마찬가지, 거래소 문을 모두 닫아버릴 수 있다'던 으름장 덕에 글로벌 코인 시세가 폭락하고 하루아침에 알거지로 전락하는 사람들이 속출하기도 했다.

하지만 2022년 현재, 암호화폐는 약 3조 달러 규모로 성장해 어엿한 투자자산 대열에 올라섰다. 테슬라·블록전 스퀘어 같은 실리콘밸리 대기업들이 수조 원어치 비트코인을 자산으로 보유하고 있으며, 레이 달리오·스탠리 드러켄밀러·폴 튜더 존스 등 전설적인 헤지펀드 매니저들도 비트코인 투자를 장려하고 있다. 미국의 조 바이든 대통령은 행정명령으로 미국이 글로벌 암호화폐 산업을 이끄는 견인차가 되겠노라 선언했다. 대한민국 윤석열 대통령은 후보 시절에 내놨던 암호화폐 친화적인 공약들 때문에 지금 전 세계 미디어로부터 '한국의 블록체인 산업을 발전시킬 대통령'으로 집중 조명 받고 있다. 금융권에서는 암호화폐를 5대 투자자산주식, 채권, 통화, 부동산 등에 편입하자는 주장이 나오고 있다.

도대체 왜 암호화폐가 국가 주요 정책으로까지 거론되는 걸까? 왜 수많은 소프트웨어 엔지니어들이 실리콘밸리의 안정적인 테크 기업을 그만두고 블록체인 스타트업으로 둥지를 옮기는 걸까? 미국의 앤드리슨 호로위츠나 우리나라의 해시드 같은 블록체인 전문 벤처캐피탈들이 최근 몇 년간 큰 성공을 거두고 있는 이유는 뭘까? 이 책은 이러한 질문들에 대한 답을 정리한 일종의 보고서이다.

네트워크로서의 비트코인

주변 지인들은 내가 암호화폐 쪽에서 일한다고 말하면 "왜 아직도 비트코인 같은 걸 해?"라고 말하며 걱정하곤 한다. 여전히 누군가는 비트코인 가격이 대폭 하락했다는 뉴스 등을 언급하며 지나가버릴 유행 취급하기도 한다. 하지만 비트코인은 가까운 미래에 인터넷 세상에서 강력한 영향력을 가진 필수재가 될 것이다.

지금은 비트코인을 디지털 금이나 투자자산의 한 종류로 해석하는 사람이 대다수이다. 사실 우리에게 익숙한 '자산 또는 화폐'로서의 비트코인과 수많은 트랜잭션이 오가는 '네트워크'로서의 비트코인은 두 가지 서로 다른 개념이다. 비트코인의 블록에 담기는 것이 'A가 B에게 얼마를 보냈다'는 정보이므로 결국 비트코인도 인터넷처럼 수많은 정보가 오가는 네트워크라고 할 수 있다. 이는 비트코인 네트워크에서 교류되는 정보를 이용한 앱이 현재 인터넷 산업의 대표 주자인 구글, 아마존, 페이스북처럼 등장할 수 있음을 의미한다.

현재의 웹 생태계에 탈중앙화라는 가치관과 블록체인 등 신기술을 접목한 다음 세대의 인터넷을 우리는 '웹 3.0'이라고 부른다. 지금 우리가 사용하는 인터넷이 웹 2.0, 즉 2세대 인터넷이기 때문이다. 인터넷은 누군가 웹에 올린 정보를 단순히 '읽기'만 할 수 있었던 1세대에서 '쓰기'와 '상호작용'까지 가능해진 오늘날의 2세대 인터넷으로 진화했다.

우리는 아침에 눈을 뜨자마자 스마트폰 잠금 화면을 열어 밤새 온 카카오톡 메시지를 확인하고, 기지개를 켜며 마주친 창밖의 멋진 하늘을 카메라에 담아 SNS에 공유하고, 마주친 적도 없는 사람들이 올린 사진과 영상을 보고 '좋아요'를 누른다. 인간은 인터넷이라는 공간에서 인종, 나이, 성별, 지역, 국경의 장벽 없이 그 어느 때보다도 촘촘하게 연결되어 있다.

하지만 웹 2.0은 구글·애플·아마존·페이스북 등 소위 빅테크로 일컬어지는 대기업들이 거의 독점적으로 운영해오면서, 중앙화되고 폐쇄적 인터넷으로 발전하는 결과를 가져왔다. 가장 치명적인 문제는 사용자들이 생산한 콘텐츠를 통해 창출된 수익 대부분이 소수의 플랫폼 기업에게 돌아간다는 것이다. 그러다 보니 사용자들은 콘텐츠 관리와 운영 시스템을 책임지는 거대 기업들이 인터넷 세상을 통제할 힘을 가진다고 생각하게 되었다. 또한 정보의 중앙집중화가 심해지면서 개인정보 유출, 축적된 데이터 유실과 함께 정보보안에 대해서도 심각한 우려를 하게 되었다.

이러한 반작용으로 나타난 것이 웹 3.0이라고 할 수 있다. 플랫폼이 독점하다시피 한 이익을 사용자에게 분산하는 것이 웹 3.0의 궁극적인 목표이다. 이 용어는 월드와이드웹을 만든 팀 버너스 리가 2006년에 처음 사용하면서 일반에 알려졌다. 정보 공유와 탈중앙화Decentralization를 지향하는 커뮤니티가 주도한 '웹 1.0'과 이를 구현하기 위해 블록체인, 보안, 인증, NFT 및 초고속 통신기술 등 필요한 기술을 구현한 '웹 2.0'의 기능을 결합한 것이라고 할 수 있다. 플랫폼 사업자에게 종속된 정보의 주권을 탈중앙화를 통해 사용자에게 돌려주고, 단순히 읽고 쓰는 기능이 전부였던 웹 기능에 새로운 기술을 바탕으로 소유에 대한 권리까지도 사용자가 가질 수 있도록 한 것이다.

웹 3.0에 대한 가장 쉬운 사용설명서

문제는 아직 웹 3.0이 무엇인지, 기존 웹 2.0과 어떻게 다른지 개념조차 제대로 갖춰지지 않은 상황에서 '웹 3.0 테마 암호화폐'들이 먼저 등장하고 있다는 점이다. 이들은 '자체 코인'을 발행해 거래소에 먼저 상장하고 서비스는 나중에 나오는 형태가 대부분인데, 정상적인 벤처기업 또는 스타트업과 정반대 길을 걷고 있다. 즉, 아직 충분히 검증되지 않는 서비스와 상품만 가지고 일반 대중에게 토큰을 먼저 판매하기 때문에 다양한 피해 사례가 속출하는 것이다. 경영진의 '먹튀' 같은 사기는 말할 것도 없고, 애초에 실현 가능성이 없는 사업을 마치 곧 다가올 미래인 것처럼 부풀리는 경우도 다반사이다. 결국 '대형 거래소에 상장했으니 괜찮겠지' 또는 '유명 벤처캐피탈이 투자했으니 잘되겠지'라고 생각한 순진한 투자자들만 피해를 본다.

암호화폐 산업은 현재로선 상상할 수 없는 형태와 규모로 성장할 것이다. 단지 자동차는 발명되었는데 도로가 거의 없던 시절처럼, 지금은 웹 3.0에 대한 인프라가 생성되고 있는 과정이라 생소하게 느껴지는 것뿐이다.

　　이 책은 지금 인기 있는 웹 3.0 테마 코인이 무엇인지 소개하지 않는다. 앞으로 무슨 종목이 유망한지 족집게처럼 짚어주지도 않는다. 대신 우리가 사용하는 인터넷 세상이 앞으로 어떻게 발전하게 될지, 웹 3.0은 지금의 인터넷과 무엇이 다를지, 진짜 웹 3.0은 무엇인지를 알리고자 한다. 그러기 위해 내가 그동안 암호화폐 업계에서 서비스를 만들고 운영하며 배우고 느낀 모든 것을 가장 쉽게 정리하려고 노력했다. 웹 3.0에 관심이 있지만 제대로 이해하기 어려워하던 분들에게 도움이 되기를 바란다.

차례

PART 1

웹 3.0은 무엇인가

Chapter 1

—

플랫폼 권력에서
벗어나면

웹 3.0은 플랫폼 기업들이 과도하게 독점하고 있는 데이터와 이익을 다시 사용자에게 돌려주려는 시도이다. 플랫폼에 종속된 정보의 주권을 탈중앙화를 통해 사용자에게 돌려주고, 단순히 읽고 쓰는 기능이 전부였던 웹 2.0에 소유 기능까지 부여한 것이다.

웹 3.0을 땅이라고 생각해보자. 사람들은 보통 건물을 지을 때 자기 땅 위에 짓는다. 남의 땅에 건물을 올렸다가는 땅 주인과 사사건건 갈등이 생길 것이 뻔하기 때문이다. 생각만 해도 머리가 지끈거리지 않는가. 만약 인터넷에 주인이 있었다면 지금 같은 번영은 불가능했을 것이다.

처음 인터넷이 나왔을 때도 '이것의 주인이 누구냐'가 최대 관심사였다. 닷컴 기업들은 저마다 기업형 인트라넷을 내놓고 자기들이 인터넷의 주인이라고 주장했다. 벤처캐피탈들이 이들에게 천문학적인 금액을 투자했고 수많은 유니콘이 탄생했지만 결과는 어땠는가.

한동안 번영하던 인터넷이 봉착한 문제는 혼자 모든 땅을 다 먹으려는 대규모 건물주가 몇 명 등장했다는 것이다구글, 페이스북, 아마존 등. 워낙 힘이 막강해서 건물 세입자들이 간혹 부당한 처우를 당해도 어디 하소연할 데가 없다. 다른 데로 이사 가기도 어렵다. 내가 아는 사람들이 전부 그곳에 모여 있기 때문이다.

그런데 얼마 전 생긴 '웹 3.0'이라는 새로운 땅에서는 건물주가 세입자한테 월세를 받지 않는다고 한다. 설령 월세가 있더라도 세입자가 낼 금액을 스스로 결정한다는 것이다. 당신이 유튜버라고 가정해보자. 지금 유튜브에 영상을 올리면 당신이 받을 돈을 유튜브가 결정한다. 구독자가 몇 명이냐, 조회 수가 몇이냐, 내가 살고 있는 국가에 송출되는 광고 단가가 얼마냐에 따라 결정된다. 영상을 만들어 올리는 당신은 아무 결정권이 없다.

내가 건물주가 되는 세상, 웹 3.0

웹 3.0에서는 내가 만들어 올린 영상에 대한 비용을 내가 직접 결정한다. 내가 정한 금액대로 시청자에게 직접 과금해서 시청료를 받는 형태이다. 또는 내 채널에 광고를 내고 싶은 회사와 직접 협의해서 광고를 붙일 수도 있다.

근데 이 건물에도 문제는 있다. 크게 두 가지인데 첫째, 세입자 입장에서 너무 귀찮다. 건물주가 내라는 대로 내고 하라는 대로 하던 것이 익숙한 사람들은 모든 걸 스스로 결정해야 하는 이 건물이 너무나도 어색하다. 둘째, 건물주가 돈을 벌 방법이 없다. 세입자한테 월세도 못 받고 자기 마음대로 광고도 못 붙이니 건물 자체를 짓기 싫어하게 된다. 이 문제를 과연 어떻게 해결할 수 있을까?

이 두 가지 문제는 웹 3.0 시대가 본격적으로 열리려면 반드시 해결되어야 한다. 첫 번째 문제는 세입자가 불편함과 어색함을 감수하고라도 건물에 입주할 수 있게끔 더 높은 수익률이나 더 많은 기회, 더 수준 높은 가치를 전달할 수 있어야 해결될 것이다. 그리고 두 번째 문제는 건물주에게 좋은 건물을 제공하는 만큼 인센티브를 주는 등 지금까지와는 전혀 다른 새로운 수익 모델이 필요하다.

아마 웹 3.0에서 건물주는 건물만 짓고 마는 것이 아니라 직접 해당 커뮤니티 활동에 참여함으로써 다른 멤버들에게 인센티브를 받는 '트라이브Tribe'식 수익 모델을 적용할 가능성이 크다. 어쨌든 세입자가 많이 들어오기만 한다면 건물주가 돈을 벌 방법은 생길 것이다. 구글이 처음 나왔을 때도 공짜 검색창 서비스가 어떻게 돈을 벌 수 있을까 싶어 모두 의아해했고, 카 카오톡이 국민 메신저가 된 후에도 국내 증권가에서는 '아무 수 익 모델이 없는 기업'이라며 카카오의 기업 가치를 평가 절하했 었다.

지금 암호화폐 시장에 웹 3.0 테마로 등장하는 코인들은 마치 저마다 인트라넷을 출시하던 2000년대 닷컴 기업들을 연상케 한다. 거대 벤처캐피탈 자본을 등에 업고 자기들이 직접 땅웹 3.0 을 만들겠다고 나서고 있기 때문이다. 부자 건물주가 땅도 만들 고 건물도 짓는다면 사용자 입장에서는 썩 마음에 드는 구조는 아니다. 사용자 입장에서는 '저 건물에 입주하면 정말 내가 주인 행세를 할 수 있을까'라는 의심이 들기 때문이다.

반면 일부 건물주들은 이미 나와 있는 튼튼한 땅을 적극 활용 해 그 위에 좋은 건물을 짓겠다고 한다. 아직 무슨 땅이 건물을 올리기에 가장 좋은지는 아무도 모르지만, 트위터의 전 CEO인 잭 도시는 그 땅으로 비트코인을 낙점한 듯하다. 현존하는 블록 체인 네트워크 중 가장 안정적인 땅은 단연 비트코인이다. 컨트 롤하는 주인이 없고, 가장 탈중앙화되었고, 특정 이익집단에 의 해 작동이 멈추거나 계획이 바뀔 가능성이 가장 낮기 때문이다.

건물주가 열심히 건물을 짓고 있는데 갑자기 땅이 갈아엎어진다면 어떻게 될까? 그 땅을 개발하려는 사람이 점점 없어질 것이다. 인터넷도 TCP/IP 표준 프로토콜통신규약이라는 통합된 체계레이어1가 있었기 때문에 그 위로 수많은 앱이 생성될 수 있었다는 것을 기억해야 한다.

트위터와 스퀘어의 창업자 잭 도시는 비트코인을 웹 3.0의 기본 땅으로 정하고 그 위에 어떻게 좋은 건물을 세울지 고민하기로 방향을 잡았다. 그가 경영하는 스파이럴Spiral에서 최근 내놓은 '라이트닝네트워크 개발자 키트Lightning Development Kit'는 비트코인 위에 건물을 세울 때 필요한 중장비, 자재 등을 규격화해서 담은 일종의 도구상자 같은 것이다. 만약 누군가 비트코인 위에 건물을 짓고 싶다면 이 도구상자를 사용해 이전보다 훨씬 쉽고 빠르게 건물을 세울 수 있다.

인터넷의 역사를 돌이켜봤을 때 잭 도시가 추구하는 방향은 매우 설득력이 있다. 과거 인터넷의 효용가치를 스스로의 사업 모델로 입증하지 못해 엉뚱하게도 인트라넷을 만든 닷컴 기업들은 망했고, 좋은 서비스와 수익 모델을 만들어 인터넷을 웹 2.0으로 진화시킨 구글·페이스북·아마존 등 플랫폼 기업들은 살아남아 엄청난 권력을 누렸다. 웹 3.0의 역사도 비슷하게 진행되지 않을까?

비트코인 네트워크 vs. 비트코인

비트코인에 대해 자세하게 설명하는 것이 이 책의 논조에서 약간 벗어난 것처럼 보일 수도 있다. 그렇지만 암호화폐를 이해하는 데 필요한 몇 가지 기초 지식을 배우고 넘어가는 일은 앞으로 찾아올 웹 3.0 세상을 이해하는 데 매우 중요하다.

비트코인을 처음 접하는 사람들에게 가장 혼란스러운 개념 중 하나는 '비트코인'이라는 단어가 서로 관련은 있지만 뚜렷하게 다른 것을 지칭하는 두 단어라는 점이다. 네트워크나 결제 시스템으로서 비트코인과 토큰이나 자산으로서 비트코인이 그것이다. 이 둘 간의 혼선을 피하기 위해 네트워크를 지칭할 때는 '비트코인 네트워크', 토큰이나 자산으로서 비트코인을 지칭할 때는 '비트코인'이라고 부르기도 한다.

비트코인은 처음에는 오로지 개인과 개인 간에 사용할 수 있는 전자 현금 시스템을 만들기 위해 시작된 간단한 아이디어였다. 물론 지금도 실생활에서 현금으로 결제하면 중개자 없이 거래할 수 있지만, 비트코인이 발명되기 전까지는 온라인에서 중개자 없이 돈을 지불할 방법이 없었다.

비트코인은 코드로 이루어진 소프트웨어이며, 비트코인 네트워크는 해당 소프트웨어를 운영하는 컴퓨터 수백만 대로 구성되어 있다. 이 코드, 즉 소프트웨어는 마치 프로토콜처럼 비트코인 네트워크를 운영하는 데 필요한 기준과 규칙을 제공한다.

그리고 네트워크는 현재 비트코인이라고 불리는 디지털 토큰을 주고받을 수 있는 결제 시스템을 운영하고 있다.

몇 가지 규칙만 지킨다면 누구나 비트코인 네트워크에 참여하거나 떠날 수 있다. 다만 다른 참여자와 충분히 합의하지 않은 상태에서 멋대로 규칙을 바꾸려고 하면 네트워크에서 퇴출당할 수 있다. 비트코인의 코드는 오픈소스*이므로 누구든지 복사하거나 수정할 수 있다. 그러나 이렇게 만든 '모조품'은 비트코인과는 완전히 다른 네트워크이며, 원조 비트코인과의 호환성도 '제로'이다.

토큰으로서 비트코인은 오로지 비트코인 네트워크에서만 쓸 수 있다. 다른 블록체인으로 옮기거나 비트코인 네트워크에서 없앨 수도 없다.

첫 단추를 잘못 끼운 페이스북

블록체인은 인터넷판 공용 리모컨을 만들 수 있는 근본 기술이다. 좀 더 정확히는 블록체인의 특성 중 하나인 '분산원장기술 Distributed Ledger Technology'이 그렇다. 이는 중앙서버나 중앙관리자의 제어 없이 네트워크의 참여자노드, Node들이 데이터를 공유하고 계속 동기화하는 기술이다. 쉽게 말해 페이스북에 따로 계

＊　Open source, 무상으로 공개된 소스코드 또는 소프트웨어.

정을 만들지 않아도 로그인하고 게시물을 올릴 수 있는 기술이라고 보면 된다. 그뿐일까? 점심시간에 친구와 차박 캠핑에 대한 메시지를 주고받은 후 페이스북 피드가 캠핑 용품 광고로 도배되는 일도 더는 없을 것이다. 페이스북의 서버에 내 정보가 저장되지 않으니까 말이다.

그런데 정작 이 문제를 제일 잘 알고 있을 당사자인 페이스북 현 메타의 창업자 마크 저커버그는 웹 3.0의 모습을 약간 다르게 생각하고 있는 듯하다. 그는 사명까지 메타Meta로 고쳐가며 자신들이 메타버스 회사임을 천명하기는 했지만, 여전히 모든 사용자의 데이터를 저장하고 관리하는 플랫폼 형태에서 어떻게 벗어날 것인지는 설명하지 않고 있다. 아니 어쩌면 그럴 계획 자체가 없을 수도 있다.

메타에서 2018년 신설한 블록체인 전담 부서는 자기들의 데이터 독점 권력을 분산하는 블록체인을 개발하기보다는 엉뚱한 곳의 권력을 분산하려 했다가 지금 정치권과 여론의 거센 역풍을 맞고 있다. 메타의 암호화폐 프로젝트 '디엠전 리브라' 이야기이다.

디엠Diem은 국경을 넘나드는 거래에서 국가가 발행하는 화폐를 대체하고 은행 계좌가 없는 수십억 명에게 지불 네트워크를 제공한다는 원대한 출사표를 던졌지만 2년이 넘도록 아직도 자체 암호화폐를 출시하지 못하고 있다. 미국과 유럽의 정부가 강력하게 규제하고 나섰기 때문이다. 공식 출시를 하기도 전에 일곱 개 파트너사가 탈퇴했고, 설상가상으로 그동안 디엠 프로젝트를 이끌던 데이비드 마커스 메타 부사장까지 2021년 말에 사표를 냈다.

국가가 독점하던 발권력을 차지하려 했던 저커버그의 계획은 일단 실패했다. 어쩌면 그는 애초에 첫 단추를 잘못 끼운 것일 수도 있다. 자신들의 플랫폼 권력은 그대로 유지한 채 남국가의 권력만 빼앗으려 했으니 말이다.

트위터 창업자의 비트코인 활용법

앞서 말했듯이 잭 도시는 저커버그와는 조금 다른 방법으로 웹 3.0에 도전하고 있다. 그는 2021년 5월, 미국 마이애미에서 열린 '비트코인 2021Bitcoin 2021'에 연사로 참여하여 필요하다면 트위터와 스퀘어를 떠나 비트코인에 전념할 수 있다고 말했는데, 그로부터 7개월 뒤 정말로 트위터의 최고경영자직에서 사임했다.

트위터를 나온 잭 도시는 곧바로 스퀘어의 사명을 블록Block으로 바꾸었고, 스퀘어의 비트코인 전담 사업 스퀘어 크립토Square Crypto는 '스파이럴'로 이름을 바꿨다. 다른 알트코인*과는

◆　Altcoin, 비트코인을 제외한 모든 가상화폐를 이르는 말.

최대한 거리를 두면서 비트코인에 대한 관심만 드러내온 그의 행보로 볼 때, 결제 솔루션 기업 스퀘어의 기존 사업 인프라를 이용해 비트코인 생태계 발전에 '올인'할 가능성이 크다.

그의 행보는 상당히 재빠르다. 2021년 11월에는 기존 디파이 DeFi, 분산 금융**처럼 사용자의 익명성은 보장하면서도 비트코인과 현금 간 자유롭게 거래할 수 있게 하는 티비덱스tbDEX라는 탈중앙화 거래소의 백서***를 공개했다. 은행 등 전통 금융기관을 티비덱스의 노드로 참여시켜 사용자 신원을 최대한 익명으로 보호하면서도 비트코인 사용자의 법정화폐 입출금과 거래를 가능하게 만든다는 계획이다.

이어 2021년 12월 7일에는 '라이트닝 개발자 키트'를 스파이럴 유튜브 채널에서 공개했다. 라이트닝 네트워크는 비트코인 송금과 결제를 번개처럼 빠르게 만들어주는 레이어2 솔루션이다. 만약 자신이 운영하는 온라인 쇼핑몰에 비트코인 결제 기능을 탑재하고 싶다면 기존에는 복잡한 소프트웨어를 개발해야 했지만, 이제는 스파이럴의 라이트닝 개발자 키트를 이용하여 누구나 쉽고 간단하게 라이트닝 네트워크를 자사 홈페이지나

** Decentralized Finance의 약자. 탈중앙화된 금융 시스템을 말한다. 정부나 기업 등 중앙기관의 통제 없이 인터넷 연결만 가능하면 블록체인 기술로 다양한 금융 서비스를 제공한다.

*** 白書, 원래는 정부가 특정 사안이나 주제에 대해서 조사한 결과를 정리해 보고하는 책을 말한다. 암호화폐 백서란 블록체인을 기반으로 한 서비스의 운용과 철학 기술배경을 설명하기 위한 논문이라고 볼 수 있다. 해당 코인을 위해 고려해야 할 주요 포인트와 앞으로 나갈 로드맵이 기술되어 있다.

앱에 연동시킬 수 있다.

잭 도시는 다가오는 웹 3.0 시대의 주인공으로 비트코인을 낙점했다. 비트코인 네트워크는 전 세계에 퍼져 있는 1만 개 넘는 노드가 실시간으로 데이터를 동기화하며 작동하고 있다. 명실상부 세계 최대의 완전히 탈중앙화된 네트워크이다. 주인이 없으므로 그 어떤 국가의 정부도 없앨 수가 없다. 각국 정부의 반대에 막혀 여태 출시조차 못 하고 있는 디엠과 비교하면 천양지차라고 할 수 있다. 디엠의 치명적인 단점은 바로 정부가 규제할 수 있는 '주인'이 존재한다는 것이다.

우리가 지금 즐겨 쓰는 유튜브, 페이스북, 넷플릭스가 비트코인 네트워크를 기반으로 등장한다면 어떨까? 앞서 소개한 것처럼 사용자가 플랫폼마다 일일이 아이디와 비밀번호를 만들지 않아도 되고, 플랫폼에서 하는 모든 행동을 감시당할 일 없는 진정한 웹 3.0이 등장하게 되는 것이다.

웹 3.0을 선점하려는 진영 간 경쟁은 이제 막 시작됐다. 한쪽은 땅자체 블록체인 네트워크과 건물앱을 모두 자기가 직접 만들고 있고, 다른 한쪽은 이미 만들어진 땅비트코인 네트워크 위에 건물만 잘 짓겠다고 한다.

지난 40년간 웹 1.0과 웹 2.0이 발전해온 방식을 한번 돌아보자. 기업과 개인들이 인터넷에 본격적으로 참여하며 빠르게 발전하기 시작한 계기는 사용하는 기관마다 중구난방이던 인터넷 표준이 TCP/IP라는 통합 프로토콜로 합쳐진 이후부터이다.

웹 3.0에서는 데이터 탈중앙화를 위한 새로운 표준 규약이 필요하다. 그것이 비트코인이 될지, 이더리움Ethereum이 될지, 또는 다른 제3의 블록체인 네트워크가 될지 아직 정해지지 않았다. 무엇이 되었든 일단 표준 프로토콜이 정해지기만 하면 기업과 개인이 본격적으로 들어와 웹 3.0 생태계가 빠르게 성장할 것은 분명하다.

Chapter 2

—

웹 3.0,
지금까지 나온 시도들

요즘 신문지상에 하루가 멀다 하고 등장하는 메타버스, NFT[*],
DAO[**] 기반 암호화폐 프로젝트들을 웹 3.0이라고 보면 될까?
결론부터 말하자면 그렇지 않다.

사실 웹 3.0은 그 개념부터 어딘가 모호하다. 웹 3.0이 그리는
이상이 무엇인지, 무엇을 해결하려고 하는 것인지, 사용자에게
이득이 되는 게 도대체 무엇인지 정의하기조차 아직은 어렵다.

웹 1.0의 이상은 탈중앙화였다. 하지만 웹 2.0에선 모든 것의

[*] Non-Fungible Token, 대체 불가능 토큰.
[**] Decentralized Autonomous organization, 탈중앙화된 자율 조직.

플랫폼 중앙화가 이루어졌고, 웹 3.0은 다시 모든 것을 탈중앙화하려 한다. 정리해 보면 웹 3.0은 웹 2.0이 가진 풍요로움을 우리에게 주는 동시에 탈중앙화하려는 것이다.

'편리한' 인터넷 세상

이쯤에서 애초에 왜 인터넷이 웹 1.0에서 웹 2.0으로 넘어가며 소수 플랫폼에 의해 중앙화되었는지 짚어볼 필요가 있다. 가장 큰 이유는 사람들이 대부분 직접 자신의 서버를 운영하고 싶어 하지 않는 데 있다. 웹 1.0의 전제는 인터넷상의 모든 사람이 콘텐츠의 발행자이자 소비자이며, 인프라 제공자라는 것이었다. 즉 모두가 나만의 웹 서버에 내가 만든 웹사이트를 호스트하고, 나만의 이메일을 위한 나만의 메일 서버를 운영할 것이라는 예상이었다.

그러나 사람들은 절대로 그런 걸 원하지 않는다. 다시 말하지만, 사람들은 자신이 직접 서버를 운영하는 것을 꺼린다. 요즘에는 심지어 노드들도 직접 하지 않으려 하고, 소프트웨어를 전문적으로 만드는 조직들도 원하지 않는다.

그 결과 서버를 대신 운영해주겠다고 나선 회사들은 큰 성공을 거뒀고, 그 회사들이 제공하는 네트워크를 기반으로 제품 판매에 집중해온 회사들은 더 큰 성공을 거뒀다. 서버를 대신 제공해줌으로써 큰 성공을 거둔 대표적인 회사로 AWS아마존 웹 서비스가 있다.

프로토콜은 플랫폼보다 발전 속도가 훨씬 더디다. 30년이 넘도록 이메일은 여전히 암호화되지 않았지만, 세계 최대의 메신저 앱인 왓츠앱WhatsApp은 완전한 종단 간 암호화End to End Encryption를 1년 만에 이루었다. 사람들이 IRCInternet Relay Chat 프로토콜을 기반으로 안정적인 비디오 공유 표준을 만드느라 고군분투하는 동안, 업무협업 툴 서비스인 슬랙Slack은 유저의 얼굴로 커스텀 리액션 이모지를 만드는 기능을 개발했다.

돈을 얼마를 쓰느냐가 아니라 무언가 진정 탈중앙화되는 순간, 해당 시스템을 바꾸기가 굉장히 어려워지고 종종 고착화된다는 것이 문제이다. 서비스를 만드는 기업의 관점에서 이는 매우 중요한 일인데, 나머지 생태계가 굉장히 빠르게 움직이고 있어서 그 속도를 따라잡지 못하면 몰락할 것이기 때문이다.

IT 산업의 많은 기업이 애자일Agile 같은 방법론을 정의하고 개선하는 데 집중해온 걸 보면 알 수 있다.[*] 거대한 조직을 체계적으로 관리해서 최대한 빨리 움직이게 하는 일이 그만큼 중요하기 때문이다. 그러니 기술회사들은 성공을 위해 1990년대에 멈춰 있는 프로토콜을 가져다가 중앙화시키고 빠르게 개선해야

[*] 인터넷은 1990년대 중순 이후로 민간을 중심으로 상용화되면서 무수히 많은 영역으로 확장해 나갔다. 하지만 표준화된 프로토콜(TCP/IP 프로토콜)은 건드릴 수 없으니 그 위에서 구동할 서비스를 빠르게 만들어 내놓고, 고객 반응을 보며 실험하고 개선하는 문화가 정착되었다. 그것이 바로 애자일 개발 방법론이다.

했다. 웹 2.0은 이런 배경 속에서 성장해왔다.

디앱, 탈중앙화되지 않은 탈중앙 앱

비영리 재단이 만들고 운영하여 광고도 없고 데이터 독점도 없는 메신저 앱 시그널Signal의 전 CEO 목시 말린스파이크는 사람들이 말하는 웹 3.0이 기존의 인터넷 환경과 어떻게 다른지 알아보기 위해 직접 디앱DApp**을 만들어보기로 했다.

목시 말린스파이크는 먼저 오토노머스 아트Autonomous Art라는 디앱을 만들었다. 이 앱에서는 누구든 예술작품에 시각적으로 기여하고 NFT 토큰을 민팅***할 수 있다. 시간이 지나면서 참여하는 비용은 커진다. 그리고 기여자가 민팅을 위해 지불하는 비용은 사전에 참여한 모든 아티스트에게 분배된다. 이러한 재무구조를 시각화하면 피라미드 모양과 유사하다. 목시 말린스파이크가 디앱을 공개한 2021년 12월 이후 한 달 만에 38,000달러가 넘는 돈이 이 집단의 예술작품 창작에 투여되었다.

퍼스트 딜리버티브First Derivative라는 디앱도 만들었다. 이 앱은 특정 NFT 작품을 추종하는 NFT 파생상품을 생성, 탐색, 거래하도록 한다. 기초자산 파생상품과 유사하다. 목시 말린스파이크는 이 두 앱을 통해 현존하는 웹 3.0 세계가 어떻게 작동하

** Decentralized Application, 분산형 앱. 일반적으로 블록체인 기반 앱을 지칭하는 단어.
*** Minting, 그림이나 영상 등 암호화폐의 NFT를 발행하는 것.

는지 어느 정도 감을 잡을 수 있었다고 한다.

그가 앱을 만들며 느낀 첫인상은 앱 자체는 특별히 '분산된 Distributed' 것이랄 게 없었다는 점이다. 모두 평범한 리액트[*]기반 웹사이트였다. '분산된' 것은 상태와 상태 변경에 대한 로직과 권한이 있는 곳이었다. 그곳이 바로 기존처럼 '중앙화된' 데이터베이스가 아닌 블록체인인 것만 달랐다.

내가 현재 암호화폐 세계의 분산형 앱 서비스를 보며 느끼는 이상한 점은 아무도 클라이언트/서버 인터페이스[**]에 대해 관심이 없다는 점이다. 사람들은 블록체인에 대해 이야기할 때 분산화된 신뢰Distributed trust, 리더 없는 합의Leaderless consensus, 온갖 블록체인의 기능적 구조에 대해서는 이야기하지만, 궁극적으로 클라이언트[***]는 이 구조에 참여할 수 없는 현실에 대해서는 얼버무린다.

우리가 흔히 보는 그 많은 네트워크 다이어그램컴퓨터 또는 통신 네트워크를 시각적으로 나타낸 것은 모두 사실상 서버 간 연결을 나타낸 것이고, 신뢰모델Trust made도 사실상 서버에 대한 신뢰이며, 모든 것은 서버에 관한 것이다. 하지만 블록체인은 노드 간의 네트워크이다. 설계상 모바일 기기나 웹브라우저는 그 참여자

---

[*] React, 웹페이지나 모바일 앱 개발에 사용되는 자바스크립트 라이브러리.

[**] 사용자가 서버에 있는 풍부한 자원과 서비스를 통합된 방식으로 제공받기 위한 시스템이다.

[***] Client, 네트워크로 연결되는 서버로부터 정보를 제공받는 컴퓨터.

중의 하나가 결코 될 수 없다.

세상이 모바일로 옮겨오면서 우리는 지금 클라이언트와 서버의 세상에 살고 있다. 클라이언트가 서버로서 동작할 수 없는 현실에서 블록체인 클라이언트에 관한 질문들은 그 어느 때보다 더 중요해 보인다.

그런 한편 이더리움은 서버를 실제로 '클라이언트'라고 지칭하기 때문에 어딘가 존재해야 할 비신뢰Untrusted 기반 클라이언트/서버 인터페이스에 대한 단어마저 존재하지 않는다. 이대로 가면 결국 서버보다 클라이언트가 수십 억 개는 더 많아질 것이라는 현실도 물론 인지하지 못하고 있다.

예를 들어보자. 모바일 기반이든 웹 기반이든 오토노머스 아트 혹은 퍼스트 딜리버티브와 같은 디앱은 블록체인과 어떤 방식으로든 상호작용해야 한다. 집단 창작 예술작품, 수정 내역, NFT 파생상품 등의 상태를 변경하거나 렌더링하기 위해서 말이다.

그러나 이를 클라이언트에서 하는 건 사실상 불가능하다. 블록체인은 모바일 기기상에 존재할 수 없기 때문이다현실적으로 데스크톱 브라우저도 마찬가지이다. 따라서 유일한 대안은 어딘가에 존재하는 서버에 원격으로 돌아가는 노드를 통해 블록체인과 상호작용하는 것이다.

말했다시피 사람들은 서버를 직접 운영하지 않으려 한다. 그

런데 때마침 이더리움 노드를 운영하면서 그 노드에 대한 API*
액세스를 파는 회사들이 나타났다. 기존 이더리움 API를 기반
으로 그들이 개발한 향상된 API, 애널리틱스**, 거래내역에 대
한 액세스도 덤으로 제공한다. 얼마나 편리한가.

현시점에서 이런 서비스를 제공하는 회사는 인퓨라Infura와
알케미Alchemy 두 곳이다. 거의 모든 디앱이 블록체인과 상호
작용하기 위해 인퓨라나 알케미를 이용하고 있다. 메타마스크
MetaMask 같은 암호화폐 지갑을 디앱과 연동하거나 디앱이 지갑
을 통해 블록체인과 교류할 때조차 메타마스크는 사실 그저 인
퓨라에 API를 호출하고 있는 것이다.

그런데 이 클라이언트 API들은 블록체인 상태를 검증하거나
그 응답의 진위 여부를 검증하는 그 어떤 일도 하고 있지 않다.
결과도 서명되지 않는다. 예를 들어 오토노머스 아트 같은 앱
이 "이 스마트 컨트랙트***의 뷰 함수 아웃풋이 뭐야?" 하고 물
어보면 인퓨라나 알케미가 "자, 여기 아웃풋!" 하고 응답을 보내
고, 그러면 앱은 그 응답을 렌더링할 뿐이다. 이 사실이 너무도
놀라웠다.

◆   Application Programming Interface, 운영체제와 응용프로그램 사이의 통신에 사용되는 언
    어나 메시지 형식.
◆◆ Analytics, 빅데이터를 분석하는 기술을 통칭하는 말.
◆◆◆ Smart contract, 계약 조건을 블록체인에 기록해두고 조건이 충족되면 제3의 인증기관 없이
    당사자 간 계약이 자동으로 체결되게 하는 기술.

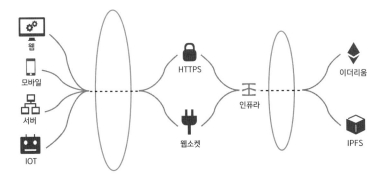

인퓨라 서비스의 원리를 보여주는 도식이다. 비트코인의 경우라면 HTTPS와 웹소켓 오른쪽에 바로 비트코인 블록체인이 있겠지만, 이더리움은 보다시피 중간에 인퓨라가 껴서 API를 통해 이더리움 블록체인 정보를 호출해준다. 그래서 인퓨라 서버(AWS에 있는)가 다운되면 메타마스크 등 이더리움 디앱들이 먹통이 되는 것이다.

그토록 많은 노력과 에너지와 시간을 '신뢰 없는 분산화 합의 메커니즘Trustless Distributed Consensus Mechanism'을 만드는 데 썼는데도 불구하고 블록체인에 접근하고자 하는 사실상 모든 클라이언트는 단 두 회사가 보내는 아웃풋을, 어떠한 추가적인 검증 절차 없이 신뢰하는 것이다.

게다가 개인정보도 잘 보호되지 않는다. 크롬에서 웹사이트와 교류할 때마다 구글에게 먼저 요청이 가고 그다음에 목적지로 라우팅경로 설정된다고 상상해보자. 오늘날 이더리움의 상황이 이러하다. '탈중앙화'되어 있다더니 'A가 1이더리움을 B에게 보냈다는 정보'가 왜 굳이 특정 회사의 서버를 거쳐야 하는 것일까. 현재 인퓨라나 알케미는 거의 모든 디앱 유저의 읽기 요청을 볼 수 있다. 이건 지금 우리가 카카오톡을 쓰는 방식과 똑같다.

물론 이더리움 블록체인에 입력되는 모든 정보는 실시간으로 모두에게 투명하게 공개된다. 하지만 만약 인퓨라가 일부러 거짓 정보를 디앱 사용자들에게 보여준다면? 또는 인퓨라의 서버가 다운되어 갑자기 이더리움 블록체인의 정보를 호출해오지 못한다면? 인퓨라가 갖고 있는 이런 취약점들이 모두 웹 3.0의 기본원칙인 '사용자가 데이터를 소유하는 인터넷'에 위배된다.

현재의 웹 3.0 생태계를 지지하는 사람들은 인퓨라나 알케미 같은 중앙화된 플랫폼이 등장해도 괜찮다고 말한다. 최종적인 거래내역은 어차피 블록체인에 저장되므로 인퓨라나 알케미가 잘못하면 다른 플랫폼으로 옮기면 된다는 것이다. 그러나 이들은 거대 플랫폼들이 현재 이 자리까지 올 수 있었던 역학을 너무 단순하게 본 것이다.

지금도 카카오톡보다 좋은 메신저 서비스들이 수없이 나오고 있지만 우리나라 사람들은 여전히 카카오톡을 쓴다. 모두가 쓰고 있는 메신저이기 때문이다. 플랫폼도 일단 특정 임계점을 지나고 나면 그것을 버리기 어렵다. 이미 너무 거대해졌기 때문이다.

현재 이더리움 기반 디앱들 중 대부분은 인퓨라나 알케미에서 제공하는 개발 인프라를 이용해서 만들어졌기 때문에, 두 회사가 제공하는 API를 통해 이더리움 정보를 받을 수밖에 없다.

다른 플랫폼으로 옮겨가려면 디앱을 다시 개발해야 하는데 그 비용과 리소스를 과연 누가 감당하려고 할까?

내가 산 NFT는 정말 내 소유일까

목시 말린스파이크는 직접 NFT도 만들어보기로 했다. 사람들은 보통 NFT를 생각할 때 블록체인에 저장되는 이미지 파일이나 디지털 미술품을 떠올리는데, NFT는 일반적으로 데이터를 블록체인에 저장하지 않는다. 그렇게 하면 비용이 너무 많이 들기 때문이다.

NFT는 데이터를 온체인On-chain, 네트워크에서 발생하는 모든 전송 내역을 블록체인에 저장하는 방식하는 대신 데이터를 가리키는 URL을 포함한다. 이런 방식이 다소 놀라운 이유는 URL에 있는 '데이터'에 대한 소유권은 정작 NFT 소유자에게 없기 때문이다. 수십, 수천, 수백만 달러에 거래되는 인기 마켓플레이스의 NFT를 보더라도 마찬가지이다. 이는 해당 시스템에 접근 권한이 있는 사람, 미래에 그 도메인을 구입할 수 있는 사람, 또는 데이터가 저장된 곳을 공격하여 데이터를 탈취하는 사람은 언제든지 NFT의 이미지, 제목, 설명 등을 원하는 대로 변경할 수 있다는 뜻이다.

NFT의 상세 스펙에는 이미지가 '어떠해야' 한다거나, 어떤 것이 '정확한' 이미지인지 확인할 수 있는 정보가 없다. 목시 말린스파이크는 바로 이 부분에 허점이 없는지 테스트해보기 위해 특이한 NFT를 만들기로 했다. 일부러 사용자의 IP주소나 UA사용자 에이전트에 따라 다른 이미지를 보여주는 NFT를 만든 것이다.

그가 만든 NFT는 오픈시OpenSea에 등록했을 때와 라리블Rarible에 등록했을 때 각각 보이는 이미지가 다르도록 설정되었다. 심지어 만약 누군가 해당 NFT를 구매해서 암호화폐 지갑에 넣으면 커다란 똥 이모지가 보이도록 했다. 이로써 알 수 있는 사실은 당신이 오픈시에서 입찰을 통해 얻은 NFT가 알고 보면 당신의 소유가 아니라는 것이다. 이 NFT가 특별한 게 아니고, 그저 이것이 지금까지 대부분의 NFT가 만들어진 방식이다.

엄청난 가격에 거래되었다며 연일 신문지상을 수놓는 NFT 중 상당수는 언제라도 똥 이모지로 바뀔 수 있다. 목시 말린스파이크는 실험을 통해 이 사실을 증명했다.

며칠 후 목시 말린스파이크가 만든 NFT는 어떠한 경고나 설명도 없이 오픈시에서 삭제되었다. 게시가 중단되었음을 알리는 짧은 메시지에는 그가 이용약관을 위반했다고 쓰여 있었지만, 오픈시의 이용약관 어디를 읽어봐도 '어디서 보는지에 따라 이미지가 변화하는 것을 금지'하는 조항은 찾을 수 없었다.

무엇보다 흥미로운 점, 오픈시가 해당 NFT를 삭제하자 목시 말린스파이크의 개인 컴퓨터에 있는 암호화폐 지갑에서도

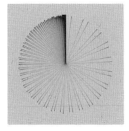

오픈시에서 보이는 이미지　　　라리블에서 보이는 이미지　　　개인지갑에서 보이는 이미지

목시 말린스파이크가 만든 NFT. 오픈시, 라리블, 메타마스크에서 각각 다른 이미지로 보인다. (출처 https://moxie.org/2022/01/07/web3-first-impressions.html)

더는 NFT가 보이지 않았다는 점이다. 개인지갑은 비밀 키를 유출하지만 않으면 나 외에는 누구도 접근할 수 없는 웹 3.0 데이터 주권의 핵심 기능이다. 그런데 도대체 어떻게 이런 일이 가능할까?

오픈시가 '없다'고 선언하면 존재하지 않는 NFT

메타마스크, 레인보우Rainbow 같은 개인지갑은 비구금형Non-Custodial, 프라이빗 키 사용자 측 보관 방식을 표방한다. 하지만 목시 말린스파이크가 만든 디앱 두 개와 비슷한 문제점이 있다. 개인지갑은 무조건 모바일 기기 또는 웹브라우저에서 실행되어야 한다. 이더리움이나 기타 블록체인은 사용자 간 네트워크라는 아이디어를 바탕으로 설계되었지만, 그렇다고 모바일 장치나 웹브라우저가 해당 사용자 중 하나가 될 수 있도록 설계되지는 않았다.

　메타마스크 같은 지갑들은 사용자의 계좌잔액, 최근 거래내역, 현재 보유 중인 NFT 표시는 물론 거래 실행, 스마트 계약과의 상호작용 같은 복잡한 작업을 수행해야 한다. 간단히 말하면 메타마스크는 서버나 마찬가지인 블록체인과 상호작용해야 하지만, 정작 블록체인은 메타마스크와 같은 클라이언트_{서버에서 정보를 제공받는 컴퓨터}와는 상호작용할 수 없도록 구축되었다. 그래서 목시 말린스파이크가 만든 디앱과 마찬가지로 메타마스크는 세 개 회사에 API를 호출해서 이를 수행한다.

　예를 들어 메타마스크는 당신의 최근 거래내역을 표시하기 위해 이더스캔_{Etherscan} API를 호출하고, 계좌잔액은 인퓨라 API 호출을 통해, 사용자 소유의 NFT들은 오픈시 API 호출을 통해 표시하는 식이다.

　API 호출을 통해 각 회사에서 전달받은 응답들은 어떤 식으로도 인증되지 않는다. 만약 그들이 거짓말을 할 경우, 나중에라도 그것을 증명할 수 있는 장치조차 없다. 또 지갑에 개설된 모든 계정의 정보가 그 회사들에 저장되므로, 사용자가 프라이버시와 보안을 위해 여러 계정을 만들어 나눠서 사용하더라도 그 회사들은 결국 해당 계정이 누구에게 연결되어 있는지 알 수 있다.

　이렇듯 메타마스크는 실제로 많은 작업을 수행하지 않는다.

사실상 그저 중앙집중화된 API에서 제공하는 데이터를 예쁘게 가공하여 보여주는 서비스일 뿐이다. 이는 메타마스크만의 문제는 아니다. 레인보우도 정확히 같은 방식으로 설정되어 있다. 흥미롭게도 레인보우 지갑에는 '쇼케이스'라는 소셜 기능_{다른 레인보우 지갑 사용자가 어떤 NFT를 소유하고 있는지 볼 수 있는 기능}이 탑재되어 있는데, 레인보우가 모든 데이터를 통제하며 블록체인 대신 구글에서 제공하는 앱 개발 서비스인 파이어베이스_{Firebase} 위에 서비스를 구축했다.

이 모든 사실은 결론적으로 오픈시가 자신들의 플랫폼에서 당신의 NFT를 삭제하면 당신의 지갑에서도 사라지는 것을 의미한다. 당신의 NFT가 블록체인 어딘가에 여전히 존재한다고 해도 이는 별로 중요하지 않다. 왜냐하면 현재 웹 3.0 생태계의 개인지갑을 비롯한 대부분의 서비스가 그저 오픈시의 API를 이용해 NFT를 표시하기 때문이다. 오픈시가 있다고 하면 있고, 없다고 하면 없는 것이다.

오픈시, 웹 3.0의 가면을 쓴 플랫폼

웹 1.0이 웹 2.0으로 진화한 이유를 다시 한번 떠올려보자. 지금의 웹 3.0 생태계는 이상한 구석이 있다. 마치 초창기 웹 1.0 시절의 미완성된 인터넷을 연상시키는 이더리움 같은 미완성 프로토콜을 기반으로 만들어지고 있다는 점이다.

현재의 블록체인 기술이 해결하지 못하는 부분을 보완하기 위해 '또다시' 많은 영역이 플랫폼을 중심으로 통합되고 있다. 이런 흐름에 편승하여 사용자를 위해 서버를 운영하고, 새로운 기능을 개발하여 출시하는 기업이 바로 인퓨라, 오픈시, 코인베이스Coinbase, 이더스캔 등이다.

　　초창기 인터넷과 마찬가지로 웹 3.0 프로토콜은 발전 속도가 느리다. NFT가 재판매될 때마다 원작자에게 돌아가는 수수료도 이더리움의 NFT 발행 표준인 ERC-721에 포함되어 있지 않기 때문에 오픈시가 자체적으로 로열티를 설정하는 기능을 만들어서 제공하고 있다. NFT가 재판매될 때마다 창작자에게 자동으로 수수료가 주어지는 '웹 3.0스러운 기능'에 사람들은 열광하지만, 해당 데이터가 블록체인에 있지 않고 오픈시가 제공하는 API에 있다는 게 함정이다.

　　프로토콜의 기술발전 속도를 기다리지 못한 오픈시가 웹 2.0에서 존재하던 방식대로 자체 로열티 설정 기능을 개발했기 때문이다. 결과적으로 '내 지갑에 담긴 NFT 보기'가 '오픈시에서 보여주기로 결정한 내 NFT 보기'와 같은 말이 되어버렸다. 이렇듯 이미 중앙집중화된 플랫폼의 인기와 영향력 덕분에 웹 3.0 세계는 제대로 시작되기도 전에 프로토콜의 탈중앙화, 데이터 주권 같은 핵심적 가치를 잃어버리고 있다.

　　이는 이메일이 처한 상황과도 비슷하다. 누구나 자신의 메일 서버를 직접 운영할 수 있지만, 그렇다고 개인정보 보호와 검열 저항성에서 엄청난 이점을 갖게 되는 것도 아니다. 왜냐하면 이 메일을 보내고 받는 반대편에는 어차피 지메일Gmail이 있을 것이기 때문이다.

탈중앙화되어야 할 웹 3.0 생태계가 편의성 때문에 플랫폼을 중심으로 구축되면 웹 2.0과 웹 3.0 세계 모두에 최악의 상황이 되어버린다. 사실상 중앙에서 모든 것을 컨트롤하지만, 억지로 일말의 탈중앙성이라도 유지하기 위해 노력하다가 경쟁에서 뒤처지게 될 것이기 때문이다.

누구나 자신만의 NFT 거래소를 만들 수 있다. 하지만 사실상 오픈시가 대다수 웹 3.0 참여자가 사용하는 개인지갑 또는 기타 서비스에 NFT 정보를 제공해주지 않으면 사업을 확장시킬 수 없다. 물론 오픈시가 악의적으로 이런 구조를 만들었다고 생각하지는 않는다. 그들은 단지 주어진 환경에서 좋은 사용자 경험을 제공해주는 NFT 거래소를 만들고 싶었을 뿐일 것이다.

그렇다면 이제라도 웹 3.0 참여자들은 정말 그들이 원하는 탈중앙, 탈독점 방식으로 생태계가 구성되도록 시스템을 다시 설계해야 한다. 그러나 과연 지금 우리가 '웹 3.0'이라고 부르는 세계에서 디파이를 쓰고 토큰과 NFT에 투자하는 사람들이 진정으로 탈중앙화된 인터넷을 원하고 있는지는 생각해봐야 할 것이다.

'아직 초창기야'라는 말은 이 문제를 논의할 때 웹 3.0 커뮤니티에서 자주 나오는 말이다.

"NFT에 실제 그림 데이터가 들어 있지는 않지만, 괜찮아. 아직 초창기니까."

"인프라 시스템이 다운될 때마다 메타마스크가 먹통이 되어서 불안하긴 하지만, 괜찮아. 아직 초창기니까."

"솔라나 코인 유통물량 중 상당수가 벤처캐피탈과 내부자들에게 과도하게 집중되어 있지만, 괜찮아. 초창기니까."

이런 모든 문제는 초창기라는 이유로 어설프게 넘기기보다는 처음부터 주의를 기울여야 한다. 기술은 사용자가 좋든 싫든, 현실화하는 과정에서 플랫폼을 통해 집중화되는 경향이 있다. 그러는 동안 생태계는 별다른 부작용 없이 발전하고 대부분의 참가자는 무슨 일이 일어나고 있는지 알지도 못하고 신경 쓰지도 않는다.

사실 탈중앙화라는 가치는 아직 대다수 사람들에게 필요하지도 않고 중요하지도 않다고 여겨진다. 지금 인터넷 사용자에게 필요한 탈중앙화의 총량은 몇몇 꼭 필요한 영역에 한정되어 있을 뿐이고, 이런 기조가 지속되는 동안 웹 3.0은 이상적인 모습과는 전혀 다른 엉뚱한 방향으로 발전할 가능성이 높다.

사실 웹 3.0 요소를 제거하면 오픈시는 지금보다 훨씬 빠르고 저렴하며 쓰기 쉬운 서비스를 제공할 수 있다. 예를 들어 지금은 NFT를 구매할 때 이더리움 트랜잭션* 수수료가스비만 80~150달러 이상을 지불해야 한다. 이는 모든 NFT 거래에 대한 비용 부담을 늘리고 거래량을 감소시키는 원인이 된다. NFT를 사는 쪽이든 파는 쪽이든 무조건 가스비 이상의 수익을 내야만 손해를 보지 않기 때문에 더욱 심사숙고하게 된다.

이에 비하면 신용카드 결제는 얼마나 편한가? 블록체인보다 훨씬 빠르고 간결하며 수수료는 이더리움 가스비에 비하면 애들 장난 수준이다. 혹시 사용자들이 NFT 거래내역, 입찰내역, 체결내역 등의 데이터를 투명하게 확인할 시스템을 원한다고 해도 굳이 블록체인을 쓸 필요는 없다. 내부 데이터를 투명하게 공개하는 방법은 블록체인이 아니더라도 얼마든지 있다.

하지만 만약 오픈시가 이더리움 기반 NFT가 아니라 그냥 이미지 파일을 사고파는 곳이었다면 지금처럼 성공하지는 못했을 것이다. 오픈시는 왜 이렇게나 성공한 것일까. 사업모델이 미약하게나마 웹 3.0의 탈중앙 요소를 품고 있어서? 글쎄, 그렇게 따지면 우리 주변에는 중앙집중화되었기 때문에 빠르고 쓰기 편해서 성공한 서비스가 훨씬 많다.

❖　Transaction, 데이터베이스의 상태를 바꾸기 위해 수행하는 작업의 단위.

웹 3.0을 투기판으로 만드는 사람들

오픈시가 성공할 수 있었던 이유는 전 세계적으로 확산한 암호화폐에 대한 거대한 투기 수요 때문이다. 많은 사람이 암호화폐에 투자하여 큰돈을 벌었고, 이제는 모두가 그 돈을 재투자하여 또다시 추가 수익을 얻는 데 혈안이 되어 있다. 즉 NFT로 대변되는 현재 웹 3.0 세상은 이미 암호화폐로 돈 번 사람들이 또 한몫 크게 챙겨보려는 투기판에 지나지 않는다.

플리핑Flipping을 하는, 즉 NFT를 사고팔아 수익을 남기는 사람들은 분산화된 신뢰모델이나 탈중앙화의 가치에는 관심이 없다. 그들은 오로지 돈이 어디로 흘러들고 있는지에만 관심을 둔다. 오픈시의 높은 거래량과 입이 떡 벌어지는 가격에 낙찰되는 NFT들은 이러한 투기꾼들을 오픈시로 끌어들이고, 이들은 점점 자신들에게 익숙하고 편한 기존의 웹 2.0 플랫폼 형식의 서비스를 요구하게 된다.

결국 자기 손으로 직접 스마트 계약을 만들어 NFT를 생성민팅하기보다는 오픈시에서 제공해주는 편리한 기능을 이용해 NFT를 생성하는 것이 기준이 되어버린다. 그리고 여기에서 한 발짝 더 나아가 코인베이스 같은 중앙화 암호화폐 거래소가 만든 NFT 마켓플레이스로 가서 코인베이스가 직접 선별한 NFT 작품을 신용카드로 구매하는 지경까지 가게 된다.

사용자가 코인베이스 계정에 보유한 코인이나 신용카드로 코인베이스에서 NFT를 사게 되면 코인베이스 입장에서는 사실상 블록체인에 거래 데이터를 태울 필요도 없고, 따라서 가스비도 전혀 낼 필요가 없다. 결국 NFT 세상에서 웹 3.0의 모든 속성은 없어지고, 사용자에겐 그저 JPEG 파일을 신용카드로 사고팔 수 있는 웹사이트만 덩그러니 남게 되는 것이다. 이런 웹사이트의 정체는 뭐라고 정의해야 할까? 투기꾼의 수요 때문에 어쩔 수 없이 웹 3.0 콘셉트로 시작했지만 같은 투기꾼의 요구에 따라 다시 웹 2.0의 플랫폼 사업모델로 돌아가버린 기업들 말이다.

NFT 아티스트들은 투기 수요가 웹 3.0 세계의 발전을 이끄는 것에 큰 거부감이 없다. 왜냐하면 바뀐 것이라곤 그들이 창작한 예술작품에 대해 더 많은 투자가 일어나고 있다는 것뿐이기 때문이다. 그러나 우리에게 웹 3.0이 필요한 이유가 웹 2.0이 몰고 온 부작용을 극복하는 것이라면, 단순히 돈을 벌어서 좋다는 생각에 안주해서는 안 된다.

지금은 디지털 사회로 전환이 가속화되는 시기이다. 원래 토지와 노동이 지배했던 사회의 많은 영역이 구조적으로 사라지고 디지털 경제가 점점 그 자리를 대체해가고 있다. 그러니 암호화폐에 투입되는 자본의 양은 앞으로도 더욱 늘어날 것이다. NFT 시장에서 발생한 부가가치가 다시 암호화폐 시장에 재투자되는 식으로 선순환 고리가 형성되면, 설령 지금의 웹 3.0이

무늬만 탈중앙 콘셉트이고 사실상 웹 2.5에 가깝더라도 호황은 오래 지속될 수 있다.

물론 경기침체 등 거시경제적 요인으로 인해 유동성이 빠져나간다면 암호화폐나 NFT도 힘든 시기를 각오해야 할 것이다. 그러나 지금은 전 세계가 디지털 전환이라는 구조적인 사회 변화의 한가운데 놓여 있기 때문에 빠져나간 유동성은 언젠가는 다시 돌아올 것이다. 만약 그렇다면 바로 지금, 웹 3.0이 탈중앙화의 가치가 훨씬 덜 적용된 웹 2.5로 후퇴하는 것을 막을 방법을 긴급히 마련해야만 한다.

나는 암호화폐를 다루는 스타트업을 운영하고 있지만, 사실 엄밀히 말하면 웹 2.0 플랫폼에 좀 더 가깝다. 거래소와 마찬가지로 앱 내에서 발생하는 트랜잭션은 내부 데이터베이스에 기록하고 외부 출금이 발생할 때만 블록체인에 트랜잭션을 태우기 때문이다. 그렇지만 웹 3.0이 중앙집중식 플랫폼 형식으로 발전할 거라고 생각하지는 않는다. 웹 3.0은 지금 우리가 사용하는 인터넷이 지닌 여러 가지 문제의 반사작용으로 튀어나온 현상임을 잊어서는 안 된다.

'풍선효과'라는 경제학 용어가 있다. 풍선의 한쪽을 누르면 그곳은 눌려서 들어가지만, 대신 저항이 적은 다른 곳이 부풀어 오른다. 이처럼 문제 하나를 해결하려고 어떤 현상을 제지하면, 다른 쪽에서 새로운 문제가 불거져 나오는 현상을 풍선효과라

고 한다.

세상에는 높은 수준의 자유의지를 지니고 프라이버시가 존중받기를 원하는 사람들이 점점 늘고 있다. 내가 회사에서 마케팅을 담당하며 깨닫게 된 사실 중 하나는 요즘 소비자들은 자신이 원하는 콘텐츠에 대해 더 많은 통제력을 갖길 원한다는 것이다. 그들은 인터넷에서 TV 프로그램을 직접 선택해서 보고, 라디오가 아닌 팟캐스트를 통해 좋아하는 DJ의 프로그램을 선별해서 들으며, 휴대전화와 컴퓨터에는 브레이브 브라우저 같은 광고 차단 프로그램을 깔아서 사용한다.

웹 2.0 플랫폼이 축적된 사용자 행동 데이터를 기반으로 개발한 고도의 알고리즘을 이용해 소비자에게 맞춤 콘텐츠·맞춤 상품·맞춤 광고를 보여주고 있지만, 현대 소비자는 자기 스스로 선택하기를 원한다.

웹 3.0의 존재 이유는 바로 이 부분에 대한 사람들의 수요를 충족하는 것이다. 지금 인터넷의 문제가 소수 플랫폼 기업에 집중된 데이터 권력과 불공평한 이익 배분에 있다면, 풍선효과로 반대편에서는 데이터 권력을 사용자에게 분산하고 플랫폼 같은 중개자 없이 사용자끼리 직접 서비스와 이용료를 주고받는 새로운 형태의 네트워크가 부풀어 오르고 있다.

블록체인으로 구동되는 웹 3.0이 플랫폼 서비스와 구별되는 가장 큰 차이점은 '자생적 질서'로 작동되는 부분이다. 자유시장

경제가 작동하는 메커니즘과 매우 유사한 PoW작업증명* 합의 알고리즘은 별도의 팀이나 경영진이 나서서 네트워크를 운영해주지 않아도 사용자의 자발적인 참여만으로 성장을 이끌어낼 수 있음을 보여주었다.

자생적 질서는 20세기의 위대한 자유주의 사상가인 프리드리히 하이에크가 소개한 사회철학이다. 그는 인간이 살아가며 따르는 다양한 규칙, 예를 들어 도덕·전통·법·규칙 등을 지킴으로써 자연스럽게 사회질서가 형성되는 것을 자생적 질서라고 불렀다.

사람들은 보통 어떤 거대한 주체가 있어야 사회에 질서가 잡히고, 내버려두면 혼란해질 뿐이라고 생각했다. 같은 맥락에서 국가가 경제를 간섭해야만 경제 혼란을 피할 수 있다고 여겼다. 그러나 하이에크는 그것을 '인위적 질서'라고 부르며 강력히 반대했다. 인위적 질서는 인간 이성에 따라 사회질서를 임의로 만들 수 있다는 생각인데, 이 사상의 문제점은 늘 인간의 이성을 과대평가하는 데 있다는 것이다.

우리에게 필요한 웹 3.0은 특정 집단의 인위적인 조종과 간섭이 끼어들 수 있는 영역을 최대한 배제하고 참여자 간에 형성된 자생적 질서를 제일의 가치로 여기는 프로토콜이다. 예를 들

---

* Proof-of-Work, 새로운 블록을 블록체인에 추가하는 작업을 완료했음을 증명하는 합의 알고리즘.

어 비트코인처럼 '총 발행량은 2,100만 개이고 4년마다 새로 채굴되는 양이 반으로 줄어든다' 같은 사전에 정한 규칙이 존재할 뿐, 누구도 전체적인 시스템을 계획하거나 통제하지 않아야 한다.

노드가 자발적으로 활발하게 참여할 수 있는 인센티브 메커니즘, 탈중앙화된 의사결정 구조를 통해 권력 생성을 방지할 수 있는 합의 메커니즘도 중요하다. 그리고 누구나 해당 프로토콜의 코드를 가져가 자신만의 서비스를 만들 수 있는 쉬운 개발 언어의 존재도 중요하다.

클라이언트-서버 네트워크 vs. P2P 네트워크

이쯤에서 '이더리움이랑 비트코인은 비슷한 거 아니었나?' 하는 의문을 가지는 독자들이 있을 것이다. 이 부분 이해를 돕기 위해 클라이언트-서버 네트워크와 P2P 네트워크의 차이점을 짚어보려 한다.

클라이언트-서버Client-Server 네트워크는 컴퓨터와 컴퓨터가 통신하는 구조로, 클라이언트가 요청하면 서버가 응답하는 방식으로 작동한다. 초기 인터넷은 사용자 간 단순한 정보교환의 목적으로 쓰였기 때문에 P2P 구조로 시작했지만 인터넷이 점점 이미지, 동영상 등 대용량 콘텐츠 소비를 위한 공간으로 바뀌게 되면서 대부분의 웹사이트가 클라이언트-서버 구조로 작동

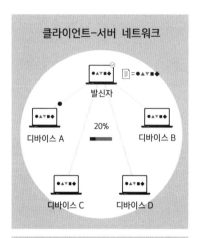

클라이언트-서버 네트워크

발신자

디바이스 A   20%   디바이스 B

디바이스 C   디바이스 D

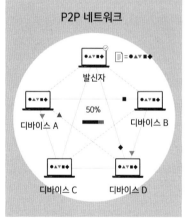

P2P 네트워크

발신자

디바이스 A   50%   디바이스 B

디바이스 C   디바이스 D

서버 기반 네트워크와 P2P 네트워크의 차이.

하게 되었다. 예를 들어, 사용자가 구글에 검색하는 건 클라이언트 요청이고 구글 서버가 우리에게 검색 결과를 보여주는 건 서버의 응답이다.

클라이언트와 서버는 N 대 1 구조로 연결된다. 한 대의 구글 서버에 다수의 검색자가 서비스를 요청하는 식이다. 이런 구조 때문에 너무 많은 사용자가 동시에 요청을 하면 서버가 감당하지 못하고 다운되기도 한다.

클라이언트-서버 모델은 중앙집중화 방식을 취하고 있다. 아마존의 AWS, 마이크로소프트의 애저Azure 등의 클라우드 서비스를 포함한 데이터 센터는 기본적으로 클라이언트-서버 모델로 운영된다. 웹 2.0 기반 인터넷 세상에서 클라우드 사용 비중은 지속적으로 확산

되고 있기 때문에 클라이언트-서버 네트워크 방식 역시 앞으로
도 꾸준히 사용될 것으로 예상된다.

클라이언트-서버 구성 요소

- **클라이언트**: 서비스를 요청하는 시스템이다. 데스크톱, 노
  트북, 스마트폰, 태블릿 등이 있다.
- **서버**: 서비스를 제공하는 시스템을 지칭한다. 데이터베이
  스 서버, 웹 애플리케이션 서버, 파일 서버, DNS 등이 있다.
- **네트워킹 장치**: 클라이언트와 서버를 연결한다. 스위치, 라
  우터, 게이트웨이, 모뎀 등이 있다.

클라이언트-서버 모델 장단점

클라이언트-서버 모델은 중앙화된 컴퓨팅 방식을 사용한다.
서버가 모든 접근과 데이터를 관리하기 때문에 보안상 우수하
며 안전하다. 또한 플랫폼 종류에 구애받지 않기 때문에 클라이
언트와 서버가 같은 운영 체제를 사용하지 않아도 괜찮다. 예를
들어, 서버가 리눅스고 클라이언트가 윈도우여도 데이터 교환
에 문제가 없다.

반면 한 번에 너무 많은 클라이언트가 요청을 하면 서버가
다운될 수 있다는 단점이 있다. BTS 콘서트 티켓 예매가 시작
되는 날 인터파크 웹사이트가 다운되는 것도 이 때문이다. 또한

모든 인터넷 웹사이트들이 1년 365일 내내 문을 닫지 않고 운영되는 만큼 클라우드 서버 역시 24시간 동안 끊임없이 인터넷에 접속해 있어야 한다. 이런 문제를 해결하기 위해 서비스 제공자는 설치 및 유지 관리 비용을 많이 쓰게 되고 그 비용은 결국 사용자에게 전가된다. AWS 등 클라우드 서비스를 이용하는 플랫폼 기업들은 매월 아마존에 천문학적인 비용을 지불하고 있다.

P2P 네트워크

P2P Peer to Peer는 정해진 클라이언트나 서버 없이 네트워크에 접속한 모든 컴퓨터가 서로 데이터를 주고받을 수 있는 구조를 의미한다. 이때 각 컴퓨터를 노드 또는 피어Peer라고 부른다. 클라이언트-서버 모델과 비교해 말하자면 모든 컴퓨터가 클라이언트와 서버 역할을 할 수 있는 셈이다.

온디스크Ondisk, 토렌트Torrent, 비트코인이 P2P 네트워크의 대표적인 예시이다. 온디스크에서는 판매자가 자신의 컴퓨터에 저장되어 있는 영상 파일을 판매한다. 자신의 컴퓨터를 웹 서버로 활용하는 셈이다. 온디스크 사이트는 판매자와 구매자 간 직접 데이터 교환이 가능하도록 하는 프로그램을 제공할 뿐이다.

'탈중앙화'를 강조하는 비트코인 역시 P2P 방식으로 코인을 주고받는다. 별도의 서버나 클라우드의 개입 없이 비트코인 네트워크에 접속해 있는 두 컴퓨터가 직접 데이터를 거래하는 방식이다.

P2P 네트워크 장단점

P2P 네트워크는 말 그대로 사용자 간 직접 데이터를 교환하는 개념이기 때문에 단일 시스템에 의존하지 않아도 되고, 네트워크를 구축하기 위한 많은 하드웨어가 필요하지도 않다. 반면 검증되지 않은 사용자와의 통신 과정에서 안전을 담보하기 어렵고, 조직적으로 파일을 유지·관리하는 것도 쉽지 않다는 단점이 있다.

비트코인과 이더리움의 차이

비트코인은 전 세계에 흩어져 있는 약 1만 2,000여 개의 노드가 클라이언트 및 서버의 역할을 함께 수행하는 완전한 P2P 네트워크 구조를 지니고 있다. 블록체인에 10분에 한 개씩 블록이 생성될 때마다 모든 노드들이 전체 블록체인의 데이터를 서로서로 내려 받아 동기화하는 작업을 한다. 따라서 'A가 몇 날 몇 시에 몇 비트코인을 B에게 보냈다'는 정보는 AWS 등 특정 서버에 저장되는 것이 아니라 해당 트랜잭션을 검증한 노드의 컴퓨터에 저장되는 것이며, 10분에 한번씩 전체 노드가 이 정보를 똑같이 저장하여 네트워크 전체의 탈중앙성을 더욱 극대화한다. 여기서 말하는 노드는 자발적으로 비트코인 네트워크에 접속하여 블록 검증에 참여하는 사람들을 말한다.

반면 이더리움, 솔라나 등 현재 대부분의 NFT 시장이 형성되어 있는 2세대 블록체인들의 경우 데이터를 효율적으로 처리하기 위해 특정 기업에 노드 운영을 위탁한다. 이더리움 블록체인 노드가 가장 많이 사용하는 인퓨라는 블록체인 내 트랜잭션을 전달하고 각 거래 정보를 확인하는 기능을 수행한다. 일종의 서버 운영사인 셈이다. 클라이언트와 서버에 별다른 구분이 없는 비트코인과는 다르게 이더리움은 클라이언트가 블록체인 정보를 가져오기 위해 반드시 인퓨라의 API를 통해야만 한다. 그리고 인퓨라는 이더리움 블록체인의 트랜잭션 정보를 AWS에 있는 서버에 저장하고 있기 때문에 사실상 이더리움 블록체인은 P2P 방식이 아니라 기존의 클라이언트-서버 방식으로 작동한다고 봐도 무방하다.

—

Chapter 3

DAO, 벤처캐피탈의
돈 잔치

　'지루한 원숭이들의 요트클럽BAYC: Board Ape Yacht Club'은 익명의 개발팀 4명으로 구성된 기업인 유가랩스Yuga Labs가 개발했다고 알려졌다. '고든 고너'와 '가가멜'이라는 가명을 쓰는 두 사람의 아이디어에서 출발했으며, 이들은 프로그래밍을 할 수 있는 '노 새스건방진 녀석'와 '엠페러 토마토 케첩토마토 케첩 황제' 두 명을 영입해 유가랩스를 설립했고, BAYC NFT를 만들었다.

　유가랩스는 개발을 시작한 이후 2021년 4월 30일, 유인원 콘셉트의 제너러티브 아트* 기반 한정판 BAYC NFT 1만 점을 공

＊　Generative art, 창작자의 의도가 포함된 알고리즘을 통해 창작되는 디지털 예술. 의도적인 무작위성이 포함되는 특징이 있다.

유가랩스가 발행한 BAYC NFT. (출처: https://boredapeyachtclub.com/#/gallery)

매했다. BAYC는 IPFS＊인 알위브Arweave를 통해 호스팅되어 저장과 보관을 탈중앙화했고, 이더리움 블록체인 기반 ERC-721 토큰으로 발행되었다.

BAYC는 생성될 때 170가지 특성이 프로그래밍되었다. 이는 머리·옷·귀걸이·눈·털·모자·입 모양 등에 해당하며, 이 같은 특성을 무작위로 조합해 유니크한 BAYC NFT 1만 점을 생성할 수 있었다. 위와 같은 특성은 나올 수 있는 확률이 각각 달라서 어떤 BAYC는 매우 희귀한 특성을 보유할 수 있고, 어떤 BAYC

＊　Interplanetary Filing System, 분산형 파일 시스템에 데이터를 저장하고 인터넷으로 공유하기 위한 프로토콜.

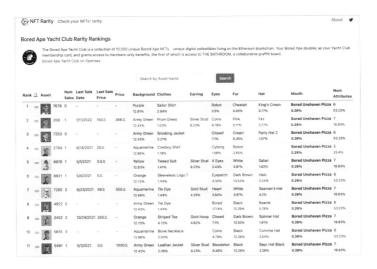

BAYC별 희소성 순위. (출처: https://nftrarity.net/boredapeyachtclub)

는 그렇지 않을 수 있게 분류됨에 따라 희소성에 따른 가치 편
차도 발생할 수 있게 만들었다.

BAYC NFT의 대박 행진

유가랩스는 2021년 4월 28일에 트위터를 통해 BAYC를 한 점
당 0.08ETH이더리움에 모두 팔겠다고 공지했고당시 약 20만 원 가
치, 이같이 공평하게 모두에게 똑같은 가격으로 판매하며 시작
하는 것이 미래가 될 것이라고 선언했다. 그리고 BAYC는 판매
개시 후 12시간 만에 완판되었다.

이후 6월에는 BAYC NFT 소유자가 가스비만 내면 강아지를

입양할 수 있는 콘셉트로 BAKCBored Ape Kennel Club를 민팅했다. 다만 이 강아지는 한 번 클레임Claim되면 다시는 다른 사람에게 클레임되지 않게끔 컨트랙트토큰 주소가 설계됐고, 민팅 당시에는 강아지의 모습이 보이지 않게 설정했다. 이는 마치 실제 강아지를 입양하는 듯한 분위기를 풍겼다.

이후 1주가 지난 뒤, 실제 입양이 일어난 것처럼 임의의 강아지 NFT가 클레임을 했던 BAYC 소유자에게 배포됐고, 클레임되지 않은 강아지 NFT는 모두 소각해 볼 수 없도록 만들었다. 그리고 창립자 고든은 2차 퍼블릭 세일에서 모금된 돈 중 일부인 33ETH을 동물보호소에 기부했다고 알리면서 여러 팔로어의 지지를 받았다.

8월에는 BAYC 원숭이가 특정 혈청을 먹으면 돌연변이가 일어나 전혀 새로운 모습으로 다시 태어난다는 콘셉트로 뮤턴트 세럼Mutant Serum을 발행했다. 원조 BAYC 홀더들에게 돌연변이 세럼 1만 개를 에어드랍*했으며, BAYC 홀더들은 랜덤으로 받은 뮤턴트 세럼을 자신의 BAYC 원숭이와 결합하여 새로운 돌연변이 NFT인 MAYCMahomet Area Youth Club를 얻을 수 있었다. 세럼을 사용할 때 발생하는 이더리움 가스비 정도만 지불하면 완전히 새로운 NFT가 생겼기 때문에 큰 인기를 끌었다.

◆ Airdrop. 공중에서 떨어뜨린다는 뜻이며, 기존 암호화폐 소유자에게 무상으로 코인을 배분하여 지급하는 행위를 말한다. 주식에서 '무상증자'와 유사한 개념이다.

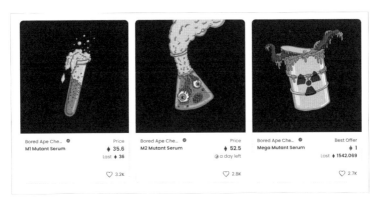

유가랩스는 BAYC에 적용할 수 있는 뮤턴트 세럼을 BAYC 홀더들에게 1만 개 에어드랍했다. 왼쪽부터 M1(7,500개), M2(2,492개), M3(8개). (출처: https://nftevening.com/mega-mutant-serum-bought-for-888eth-and-hes-livestreaming-the-mutation/)

  뮤턴트 세럼은 M1, M2와 메가 뮤턴트M3 세 가지 종류인데 세럼의 희귀도는 각기 다르고, 하나의 BAYC에 같은 티어Tier의 세럼을 두 번 사용할 수 없게 했다.

  각 세럼은 각기 다른 희귀도를 가졌기에 그에 따라 M2 티어의 세럼은 M1 티어의 세럼보다 높은 가치가 매겨졌고, 8개밖에 존재하지 않는 M3 티어의 세럼은 그 가격이 천정부지로 뛰었다. 한 BAYC 홀더tgerring.eth는 M3 세럼을 당시 약 40억 원에 해당하는 가치인 888ETH으로 매입했고, 본인의 BAYC에 M3 세럼을 이용해 '거대한 돌연변이 원숭이Mega Mutant Ape'를 발행했다.

  M3 세럼을 888ETH에 매입한 사람은 이더리움 재단을 공동

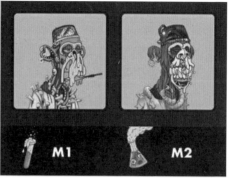

원본 BAYC(왼쪽), M1 티어의 세럼을 적용해 탄생한 MAYC(가운데), M2 티어의 세럼을 적용해 탄생한 MAYC(오른쪽). (출처: https://opensea.io/collection/bored-ape-chemistry-club)

M3 티어의 세럼을 적용해 탄생한 거대한 돌연변이 원숭이. (출처: https://airows.com/creative/taylor-gerring-mutant-ape-mega-serum)

창립하고 몇 년간 기술이사로 일하다가 현재는 블록체인 인스티튜트 시카고Blockchain Institute Chicago에서 일하고 있는 테일러 게링이다. 그는 자신의 BAYC가 M3 세럼을 만나 거대한 돌연변이 원숭이가 발행되는 과정을 라이브 스트리밍했고, 이것은 많은 사람들의 관심을 받았다.

이런 일련의 상황에서 재미있는 점은, 완성된 MAYC보다 뮤턴트 세럼이 대체로 더 비싸게 팔렸다는 점이다. 실제로 M3를 적용한 '거대한 돌연변이 원숭이'는 평균적으로 10~30ETH에 팔렸다. 아마도 어떤 MAYC가 탄생할지 모른다는 기대감, 딱 한 번밖에 사용하지 못한다는 희소성 등이 사람들의 욕망을 자극한 듯하다. 이미 완성된 MAYC보다는 자신의 BAYC가 어떻게 변할 것인가에 대한 기대감이 희소한 세럼을 갖고 싶은 욕망을 부추겼고, 그중에서도 M3처럼 전 세계에 8개밖에 존재하지 않는다는 희소성이 BAYC 홀더의 소유욕을 극대화한 것이다. 기대감과 희소함, 그것이 누군가에게는 40억 원짜리 베팅을 할 만한 가치라 여겨진다.

참고로 유가랩스는 신규 유저 유입을 위해 1만 개의 뮤턴트 세럼을 추가로 발행했고, 이중에는 메가 뮤턴트도 5개 포함되어 있었다.

NFT 성공의 모범사례, BAYC

(1) 배타적 접근 권한

BAYC 프로젝트는 마치 요트클럽의 멤버십 카드처럼 해당 NFT 보유자만 가질 수 있는 배타적 권한을 부여했다. 예를 들어 공동 디지털 낙서하기 참여권, 오프라인 밋업* 참여권 등

◆ Meetup, 사업자가 투자자를 유치하려고 회사나 제품 또는 서비스를 설명하고 토론하는 행사.

이다. 이 같은 권한으로 해당 NFT를 갖고 싶은 수요를 더욱 늘릴 수 있도록 설계했다. 특히 BAYC 보유자에게 같은 팀에서 제작한 것으로 보이는 여러 유사 콘셉트의 제너러티브 아트 NFT를 에어드랍했고, 이같이 에어드랍된 NFT들마저도 가치가 고공 행진하면서 BAYC 보유의 가치가 극대화되고있다.

이 외에도 BAYC 프로젝트는 NFT 홀더만 참여할 수 있는 오프라인/온라인 행사를 개최해왔다. 특히 2021년 10월 31일부터 11월 6일까지 BAYC와 MAYC NFT 소유자를 위한 축제인 '에이프 페스티벌Ape Fest 2021 in NYC'을 개최했다. 개최 첫날에는 참가자 700명이 뉴욕의 브라이트 모먼트Bright Moments 미술관 앞에 줄을 섰고, 그날 저녁에는 1,000명이 참석할 수 있는 요트파티가 이어졌다.

MAYC 홀더는 BAYC 홀더가 갖는 권한을 대부분 보유한다. 하지만 특정 고급 아이템은 BAYC 홀더만 갖게 하겠다는 유가랩스의 내부 방침을 유지하며 BAYC의 오리지널리티원작의 가치를 보장하고 있다.

(2) 상대적으로 더 다수에게 분포됨

또 다른 대표적인 NFT인 크립토펑크Cryptopunks*도 BAYC

---

* 2017년에 라바 랩스(Larva Labs)에서 만든 이더리움 기반 NFT.

처럼 1만 점이 발행되었지만 홀더 수는 다르다. 크립토펑크가 3,187명이고 BAYC는 5,997명이다. 크립토펑크 NFT가 좀 더 소수에게 집중됐고, BAYC NFT가 좀 더 많은 사람에게 분포돼 있는 것이다. 이는 신규 유저를 유입시키는 네트워크 효과가 필요할 때, 홀더 수가 두 배에 가까운 BAYC가 크립토펑크에 비해 좀 더 유리한 측면이 있다고 볼 수 있다.

(3) B2B 파트너십으로 인지도 확대

BAYC 프로젝트는 인지도를 높이기 위해 우리에게 익숙한 글로벌 브랜드 회사들을 선정해 파트너십을 진행하고 있다. 최근 파트너십을 진행한 곳은 아디다스이다.

아디다스에서는 '오늘 우리는 메타버스로 뛰어든다'라는 트윗을 올리면서 기대감을 형성했고, 아디다스 로고가 박힌 NFT 3만 점을 BAYC 콘셉트로 새롭게 발행하겠다고 말했다.

메타버스 속으로Into The Metaverse 프로젝트는 아디다스 로고가 박힌 NFT를 새롭게 발행하는 것인데, 아디다스 오리지널과 지머니GMoney, BAYC, 펑크스코믹Punkscomic이 참여했다. 디지털 NFT를 사면 실물도 인도되는 프로젝트였다.

'메타버스 속으로' NFT 구매자는 또한 아디다스가 2021년 11월, 메타버스 플랫폼 더 샌드박스The Sandbox에 구입한 가상 토지에서 앞으로 개최할 다양한 이벤트에 참여할 수 있는 권한과 커뮤

아디다스는 자신들의 트위터를 통해
BAYC 프로젝트와의 협업을 알렸다.
(출처: https://twitter.com/adidasoriginals/
status/1466443459951271939)

'메타버스 속으로' 프로젝트로 판매
한 한정판 NFT.
(출처: https://www.coindeskkorea.com/
news/articleView.html?idxno=76663)

니티 활동 참여 권한을 갖게 되었다.

유가랩스는 이 외에도 다양한 메타버스 프로젝트와 긴밀히 협
업했는데, 디센트럴랜드Decentraland와 더 샌드박스 등이 이에 해

BAYC 홀더들은 파트너십을 통해 디센트럴랜드에서 BAYC 마크가 그려진 후드티를 에어드랍 받을 수 있었다. (출처: https://twitter.com/BoredApeYC/status/1405632678657933316)

당한다. 그들과 협업하면서 유가랩스는 메타버스 내 공공연한 PFP Profile Picture로서 2D에서 존재할 뿐만 아니라 3D 세상에서도 BAYC를 널리 알리는 계기를 얻었다. 또 디센트럴랜드, 샌드박스 등을 이용하는 유저를 BAYC 커뮤니티로 흡수하는 가능성도 만들 수 있었다.

샌드박스에서는 2D인 NFT 작품들이 3D 애니메이션화되어 움직이는 아바타로 변할 수 있음을 보여주고 싶어 했다. 이를 위해 대표적인 NFT인 BAYC를 샌드박스 내 아바타로 변환시켰고, 이들이 실제로 샌드박스 내에서 움직이고 게임처럼 놀 수 있음을 보여줬다. 이는 샌드박스와 유가랩스 모두에게 '윈윈'인 프로젝트였다. 이와 같은 다양한 파트너십은 BAYC 프로젝트의 브랜드 이미지와 신뢰도를 높이는 데 기여했다.

샌드박스에서 구현된 3D BAYC.
(출처: https://twitter.com /TheSandboxGame/
status/1435346842468896776?s=20&t=epjma
duD8br7YY0qEu-AWw)

(4) 구매자의 IP 활용 오픈, 바이럴 마케팅으로 인지도 확대

유가랩스는 BAYC 홀더가 IPIntellectual property rights, 지적재산권
를 자유롭게 사용할 수 있도록 개방했다. 이에 커뮤니티 멤버들
은 BAYC 이미지를 활용해 다양한 굿즈 등을 만들었고, 이로써
유저들로부터 시작되는 버텀업Bottom-up 바이럴 마케팅이 자연
스레 전개되었다.

(5) 글로벌 인플루언서·셀러브리티를 통한 인지도 확대

미국프로농구NBA 선수 스테픈 커리, 배우 패리스 힐튼, 테니
스 선수 세리나 윌리엄스, 미국 TV 진행자 지미 펄론 등 수많
은 글로벌 인플루언서와 셀러브리티가 BAYC를 구입함으로써
BAYC 커뮤니티에 속하게 됐다. 이들은 SNS 프로필을 BAYC로
설정하기도 하면서 가장 비싼 NFT를 보유했다고 자랑하는 한

BAYC 이미지를 활용한 라떼 아트. (출처: https://twitter.com/maggie6123/status/146640887321
7376256?s=20&t=8VWb6lm0BQAvSz4BehEm8Q)

편, 본인들이 얼마나 디지털 시대의 첨단을 달리는지, 얼마나
희소하고 '힙'한 사람들인지를 보여주려고 경쟁하는 듯하다.

인플루언서나 셀러브리티가 BAYC를 지속적으로 홀딩하고,
그들의 팔로어에게 BAYC를 노출하는 행위는 BAYC 프로젝트
가 빠르게 성장하는 데 큰 원동력이 되었다. 셀러브리티들이
1만 개밖에 없는 희소한 BAYC를 구입해 해당 커뮤니티에 들어
오고 싶게끔 하는 요인이 지속된다고 가정했을 때, 당장 BAYC
를 구입하지 않으면 앞으로 영영 BAYC를 사지 못하거나 아니
면 훨씬 더 비싼 가격을 지불해야만 해당 커뮤니티에 진입할 수

농구 선수 스테픈 커리의 트위터 계정에 등장한 BAYC.
(출처: https://twitter.com/boardroom/status/1431814660408422407)

있다는 고립공포감FOMO*을 조성하기에 충분하기 때문이다.

또 BAYC를 보유하기만 하면 해당 커뮤니티 사람들과 자신이 어느 정도 동일한 신분임을 과시할 수 있는 명품 같은 도구가 되기도 한다. BAYC 자체가 전 세계 셀러브리티나 인플루언서와 교감하고 소통할 수 있는 채널이 되는 것이다.

◆   Fear Of Missing Out, 소셜미디어 사용자가 자신만 뒤처지거나 소외된 것 같은 두려움을 느끼는 증상.

미국 TV 프로그램에서 패리스 힐튼과 지미 펄론이 BAYC에 대해 이야기를 나누는 장면.
(출처: https://www.theboredapegazette.com/post/bayc-studios-released-an-animated-ape-version-of-jimmy-fallons-interview-with-paris-hilton)

300억 원 이상의 금융 자산을 보유한 슈퍼리치가 2020년 기준 전 세계에 약 30만~40만 명 있다고 할 때, 1만 점에 불과한 BAYC는 그 양이 터무니없이 적다. 즉 슈퍼리치 30만 명이 각각 300억 원씩을 갖고 있고, 이들이 NFT를 사는 데 자산의 0.1%를 부담 없이 쓸 수 있다고 가정해보면 슈퍼리치들이 BAYC에 쓸 수 있는 돈은 약 0.9조 원에 해당한다.

30만 명(슈퍼리치 수)×10%(구매 전환율)×300억 원(보유 자산)
×0.1%(보유 자산에서 BAYC를 사는 데 쓸 수 있는 비중) = 0.9조 원

만약 BAYC를 슈퍼리치가 아닌 10억 원 이상 자산가 중 10%

가 산다고 가정하면 모수가 약 3,000만 명으로 100배 늘어나므로 이는 약 90조 원에 해당한다. 현재 시총 약 3조 원에 해당하는 BAYC가 3배 이상 더 커질 수 있다고도 생각해볼 수 있는 것이다. 물론 이 같은 가정은 수많은 비약을 포함하고 있다.

(6) 기대감을 고조시키는 차후 계획 공유와 커뮤니케이션

유가랩스는 자신들이 BAYC로 무엇을 만들고자 하는지 계획이 생길 때마다 바로바로 디스코드*, 트위터 등을 통해 커뮤니티와 공유했다. 이로써 커뮤니티 멤버들은 BAYC와 MAYC의 출현뿐만 아니라 모바일 게임·메타버스 세계와의 파트너십 등 다양한 활동이 이뤄질 것을 기대할 수 있었다. 이러한 매력적인 계획의 공유는 커뮤니티와 함께 커뮤니티를 더 키워가는 활동에서 중추적인 기준이 되었다. 그리고 나는 바로 이 부분이 사람들의 자발적인 참여를 이끌어내는 가장 좋은 수단이었다고 생각한다.

최근 유가랩스는 BAYC에 브리딩Breeding, NFT 번식 기능을 추가할 수 있다는 기대감을 선사했다Mutant Ape Breeding. 이에 커뮤니티 멤버들은 또 다른 세계관이 형성될 수 있을지 많은 상상력을 갖고 지켜보고 있다.

◆　Discord, 사용자 간 커뮤니티를 만들 수 있는 인스턴트 메신저.

유가랩스의 암호화폐 발행

세계에서 세 번째로 큰 NFT 프로젝트, 시가총액 약 3조 원 규모의 BAYC 프로젝트가 2022년 3월 18일 암호화폐를 발행했다. 이름은 에이프코인ApeCoin이며 바이낸스Binance 거래소에서 기존 BAYC NFT 홀더를 대상으로 에어드랍 형태로 총 10억 개를 발행했다.

그렇지만 10억 개의 에이프코인이 모두 NFT 홀더에게 간 것은 아니다. 약 14%는 앤드리슨 호로위츠Andreessen Horowitz와 애니모카브랜드Animoca Brands 등 BAYC 초기 론칭에 참여한 벤처캐피탈에게 돌아갔다. 8%는 BAYC 프로젝트를 만든 유가랩스의 설립자 4명에게 갔고, 유가랩스 법인은 따로 15%를 가져갔다. 3월 18일 에어드랍을 통해 기존 BAYC NFT 홀더들이 가져간 물량은 유가랩스 법인과 같은 15%이다. 47%는 에이프코인 홀더의 투표와 의견 개진을 통해 BAYC 프로젝트를 운영하겠다고 만든 에이프코인다오ApeCoin DAO에 돌아갔다.

하지만 에이프코인다오에 배분된 47%는 현재 특정 주인이 없는 것과 마찬가지다. 그러니 벤처캐피탈과 유가랩스 지분을 합한 37%가 최대 지분인 셈이다.

프로젝트를 DAO를 통해 운영하겠다고는 했지만 DAO는 많은 토큰을 가진 사람일수록 강한 영향력을 갖는 구조가 일반적이기 때문에, 사실상 벤처캐피탈과 유가랩스가 프로젝트에 강

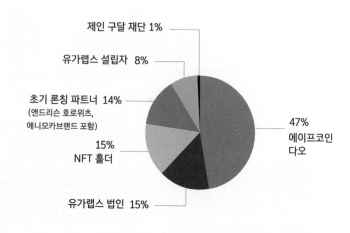

제인 구달 재단 1%

유가랩스 설립자 8%

초기 론칭 파트너 14%
(앤드리슨 호로위츠,
애니모카브랜드 포함)

15%
NFT 홀더

유가랩스 법인 15%

47%
에이프코인
다오

자료: 유가랩스, 에이프코인다오

에이프코인 분배율. (출처: https://www.bloomberg.com/news/articles/2022-03-19/nft-bored-ape-yacht-club-s-apecoin-benefits-backers-like-andreessen-horowtz)

한 영향력을 행사한다고 볼 수 있다. 바라보는 방식에 따라 앤드리슨 호로위츠, 애니모카 브랜드, 유가랩스가 에이프코인 발행을 이용해 BAYC에 미치는 영향력을 더욱 공고히 했다고도 할 수 있다.

앤드리슨 호로위츠는 배분받은 토큰으로 생긴 DAO 내 영향력을 대학 동아리 등 외부 기관에 넘기는 방식으로 줄이겠다고 했다. 사실 앤드리슨 호로위츠는 공짜로 배분받은 에이프코인을 지금 팔아도 거의 1조 5,000억 원에 달하는 수익을 남기는 상황이다. 바이낸스에 상장된 후 에이프코인 가격이 가파르게 올랐기 때문이다. 에이프코인은 상장 다음 날 아침 14.36달러까지 올라갔다가 2022년 3월 23일 기준으로 12달러에 거래되고 있다.

DAO라는 형식을 띠고 있지만 미등록 증권을 발행해서 내부자 스스로 BAYC 소유권을 더욱 공고히 하고, 남는 지분은 거래소에 상장하여 수익까지 챙긴 것이나 마찬가지이다. 이 과정에서 자본시장법은 전혀 지킬 필요가 없었다.

2022년 3월 유가랩스가 IP를 인수한 미비츠 NFT는 인수 직전 14개 주소가 159개 미비츠를 집중 매수하면서 '내부자 거래' 의혹에 휩싸였다. 하지만 익명성과 NFT에 대한 모호한 규제 때문에 이런 의혹을 밝혀내기도 쉽지 않다. 이어서 3월 23일 유가랩스는 5,500억 원 규모의 외부 투자까지 유치했다. 코인과 주식 양방으로 아주 바짝 챙겨 가는 모습이다.

미국 상장사들은 평균적으로 시가총액의 4.1%를 준법감시 비용으로 쓴다. 마이클 세일러 마이크로스트래티지MSTR CEO는 한 팟캐스트 방송에서 자신이 운영하는 회사가 작년 한 해에만 준법감시 비용으로 거의 200억 원을 썼다고 밝혔다.

<블룸버그>의 외부 기고자 애런 브라운은 유가랩스의 이번 에이프코인 발행은 주식시장의 SPAC기업인수목적회사 상장과 비슷하다고 밝혔다. 기존 이해관계자들이 '나중에' BAYC 브랜드를 이용해 뭔가 여러 가지 비즈니스를 해볼 심산으로 코인을 발행하고 투자금을 먼저 끌어 모은 형태이기 때문이다. 권력과 힘

이 소수의 집단에 집중된 DAO가 과연 DAO가 맞는지 생각해 볼 문제이다.

팀이 구심점이 되어 좋은 프로젝트를 만들어주는 것은 고무적인 일이지만, 내부자가 실속을 미리 다 챙기고는 웹 3.0이네, 커뮤니티가 주인공인 프로젝트네 외치는 건 명백한 기만이다. '권력이 있는 곳에 위선이 있다.' 에이프코인과 BAYC 투자자라면 이 말을 기억해두는 게 좋을 것이다.

BAYC 설립자 신원 공개를 둘러싼 갑론을박

2022년 2월, BAYC 프로젝트 창업자 네 명 가운데 두 명의 신원이 공개되는 일이 있었다. 인터넷 언론 〈버즈피드〉가 밝혀낸 바에 따르면 BAYC 프로젝트 창업자 중 '고든 고너'는 플로리다 출신 35세 와일리 애로나우이고, '가가멜'은 작가 겸 편집자인 32세 그레그 솔라노라고 한다. 이들은 그동안 잡지 인터뷰 등을 통해 간간이 언론에 모습을 비쳐오긴 했지만 늘 가명을 써왔기 때문에 누구도 정확한 신원을 알지 못했다.

사실 NFT 세계에서 익명으로 활동하는 것은 흔한 일이다. BAYC 같은 NFT에 투자할 때 사람들은 이것을 누가 만들었는지 따지기보다는 로드맵에 적혀 있는 프로젝트의 계획과 생태계의 성장 가능성을 보고 투자하는 경우가 많다. 그렇다 보니 창업자가 신원을 굳이 밝히지 않는다면 일부러 알아내지도 않는 문화가 형성되어 있다.

따라서 이번에 언론이 이들의 신원을 공개한 것을 두고 이것이 '신상 털기'인지 아니면 투자자의 알 권리를 보장하는 것인지를 놓고 논란이 불거졌다. 한쪽 진영은 아무리 언론이라도 당사자의 동의 없이 신상을 공개하면 안 된다는 입장인 반면, 반대쪽 진영은 수십억 달러에 이르는 거래량이 발생하는 BAYC 프로젝트에서 특정 소수만 창업자의 신원을 알게 되면 정보의 비대칭 현상이 발생하므로 소비자의 알 권리를 위해 논의될 필요도 없는 문제라고 주장한다.

설립자가 익명으로 남는 게 당연한가

BAYC는 가장 싼 NFT의 바닥가격Floor Price이 28만 달러에 달하며, 시가총액은 30억 달러에 달한다. BAYC의 운영사 유가랩스는 50억 달러 기업 가치로 벤처캐피탈 앤드리슨 호로위츠의 투자를 유치하기까지 했다.

BAYC는 처음 NFT 판매약 200만 달러 이후에도 향후 거래가 발생할 때마다 2.5%를 로열티로 가져간다. 최근에는 아디다스와 라이선스 계약을 체결하고, 유명 코미디언 겸 배우 크리스 록을 BAYC 홀더들을 위한 오프라인 파티에 초대하고, 유명 록 밴드 스트록스의 콘서트에 참여하기도 했다. 현재 많은 셀러브리티가 BAYC를 소유하고 있으며, 해당 셀러브리티를 지지하는 팬들에게까지 큰 영향력을 행사하고 있다.

사람들은 이런 엄청난 영향력을 행사하고 있는 프로젝트를 누가 만들었으며, 누가 실질적인 주인인지 알고 싶어 한다. 단순히 프로젝트가 너무 좋아서, 또는 사회에 미치는 영향력이 너무 긍정적이라서가 아니라 문제점도 있기 때문이다. 어떤 트위터리안들은 BAYC의 유인원들이 스트리트웨어를 입고 금니를 보여주는 모습이 흑인 인종차별이라고 주장하기도 한다유가랩스는 인종차별설을 전면 부인했다.

또 BAYC 주요 아트워크를 그렸다고 알려진 아시아계 미국인 세네카에게 충분한 보상을 하지 않았다고 주장하는 사람들도 있다. 유가랩스의 CEO 니콜 뮤니즈는 "오리지널 아트워크를 그린 모든 아티스트에게 각각 적어도 수십억 원을 보상으로 지불했다."고 항변했다세네카는 공식 답변을 거부했다.

그러나 수조 원의 가치를 지닌 기업의 창업자와 실질적 주인의 정체를 내부자 외에 일반인이 모른다면 이런 문제들에 대한 가치판단을 어떻게 제대로 할 수 있을까?

BAYC 창업자는 총 4명이다. 그중 두 명의 정체가 밝혀졌고, 그전까지는 4명 모두 신원을 밝히지 않은 채 익명으로 활동했다. 그들은 <롤링 스톤>이나 <더 뉴요커>, <코인데스크> 같은 언론의 인터뷰에 익명으로 등장해 BAYC를 만든 배경을 설명하곤 했다.

어느 날 암호화폐에 흥미가 생겨 NFT를 발행하고 싶어진 '고든 고너'와 '가가멜'은 돈 많고 부유한 원숭이들이 클럽하우스에 모여 사는 콘셉트를 구상했고, 곧장 프리랜서 일러스트레이터를 고용해 그림을 그리게 했으며, 개발자 두 명을 공동 창업자로 영입하여 NFT 프로젝트를 완성했다는 것이다. 개발자 두 사람, '건방진 녀석'과 '토마토 케첩 황제'의 정체는 아직 밝혀지지 않았다.

'가가멜' 그레그 솔라노는 편집자이자 책 비평가로 활동했으며, 버지니아대학교에 다니고 있었다. 유명 게임 <월드 오브 워크래프트>에 관련된 책을 실제 해당 게임을 디자인한 사람들과 공동 집필하기도 했다.

'고든 고너' 와일리 애로나우는 마이애미 출신이다. 한동안 시카고에 살았고, 2021년 5월에 우리가 잘 아는 암호화폐 거래소 비트멕스BitMEX와 작은 마찰을 일으키기도 했다. 애로나우가 2018년 'bitmex.guru'라는 도메인을 마치 비트멕스의 진짜 웹사이트인 것처럼 꾸미고 비트멕스 고객을 속이려 했다는 것이다. 비트멕스는 이에 대해 제3자 중재를 신청했고, 애로나우가 중재 자리에 나타나지 않으면서 해당 도메인은 비트멕스에 귀속되었다작은 해프닝 정도라고 할 수 있다.

다행히 현재까지 BAYC 두 창업자의 신상에는 큰 결격사유가 없어 보인다. 그러나 만약 다른 NFT 프로젝트에서 익명의 창업자가 알고 보니 엄청난 범죄 이력을 가진 인물이라면 기분이 어떨까? 엄청난 돈을 들여 해당 NFT를 수집한 컬렉터라면 뒤통수를 아주 세게 맞은 듯한 충격을 받을 것이다.

웹 3.0 세상을 지지하는 사람들 중 일부는 익명성이야말로 웹 2.0 기반 인터넷 세상의 문제를 바로잡을 수 있는 중요한 가치라고 생각한다. 모든 사람이 인터넷에서 아예 신원을 공개하지 않고 블록체인상의 명성으로만 활동하는 세상이 웹 3.0이라고 주장한다. 그러나 이 주장에는 커다란 결함이 있다.

예를 들어 BAYC의 경우 초기부터 투자를 집행한 벤처캐피탈 등 내부자들은 창업자의 신원을 알고 있었을 것이다. 이는 정보 비대칭 문제이며, 전통 금융시장에서 이런 정보의 비대칭과 불투명한 정보 문제는 종종 큰 문제를 일으킨다. 일반 투자자들이 기업을 제대로 실사할 방법이 없기 때문이다.

익명성의 위험성

원래 블록체인이 내세우는 가치는 익명성이 아닌 '가명성 Pseudonymity'이다. 최초의 암호화폐인 비트코인은 정부나 은행의 중재 없이도 송금과 결제를 할 수 있는 P2P 네트워크를 목표로 만들어졌다. 누구든지 차별받지 않고 사용할 수 있는 중립적인 환경을 조성하는 것이 중요했다. 그래서 어느 나라에 살든 어떤 신분이든 인터넷만 연결되면 바로 사용할 수 있다. 따로 휴대전화 인증이나 계좌 인증 같은 고객 확인 절차를 거치지 않는다. 비트코인 창시자의 이름인 '나카모토 사토시'도 누군가 또는 어떤 그룹이 사용한 가명일 뿐이다.

그렇다고 해서 보낸 사람과 받는 사람의 '익명성'까지 비트코인이 보장해주지는 않는다. 비트코인은 처음부터 그런 기능을 제공하지 않았는데, 그 이유는 간단하다. 비트코인은 전 세계에서 가장 많은 사람이 이용하는 안전한 자산 또는 화폐가 되는 것이 궁극적인 목표이다. 초기부터 비트코인 네트워크는 오직이 한 가지 목표를 달성하고자 발전해왔다. 거래 당사자의 신분을 감춰주는 '익명화' 또는 '비식별화' 기술은 범죄 같은 특정 목적을 가진 사용자에게만 유익할 뿐이다. 그래서 그동안 우선순위에서 빠질 수밖에 없었다.

개당 가격이 수억 원을 오가는 미술품 NFT를 일반 대중에게 판매하는 프로젝트의 설립자가 블록체인에서 기본적으로 제공하는 '가명성'을 활용하는 것까지는 이해할 수 있다. 어차피 블록체인상에서 해당 설립자의 트랜잭션 기록을 역으로 추적해보면 거래소 계정이든 개인지갑 계정이든 실제 신원정보를 연동해둔 곳으로 연결되기 때문에 결국에는 밝힐 수 있기도 하다.

그러나 '익명성'이 마치 블록체인의 고유한 권리인 것처럼 주장하면 곤란하다. NFT 자산의 법적 정의가 증권인지 수집품인지를 따지지 않더라도, 결국 고가의 무형자산을 불특정 다수에게 공개모집 형태로 판매하는 것이므로 투명한 정보 공개와 위험 고지는 필수 조건이다. 만약 어떤 NFT 프로젝트의 설립자가 억지로 익명성 뒤에 숨으려 한다면 이런 의무를 지지 않겠다고 선언하는 것과 같으며, 만에 하나 문제가 발생한다면 피해는 고스란히 투자자에게 돌아간다.

NFT 구매 기준

돌멩이 그림을 7억 원을 주고 살 수도 있고, 원숭이 그림을 15억 원을 주고 살 수도 있다. 그럴 만한 경제적 능력이 충분하고, 그러한 구매 경험에 스스로 만족한다면 누가 뭐라고 하겠는가. NFT 그림이 고가에 팔리는 이유는 상황마다 다르고 매우 주관적이기 때문에 일반화해서 정의할 수는 없다. 다만 좋은 투자와 나쁜 투자를 구분하는 기준을 정해볼 수는 있을 것이다. 한 가지 예를 살펴보자.

트론Tron의 창업자 저스틴 선은 지난 8월 '이더 락Ether Rocks'이라는 NFT 프로젝트의 돌멩이 그림 한 점을 약 7억 원을 주고 구매한 후 늘 그래왔듯이 자신의 트위터에 그림을 포스팅했다. 이런 문구와 함께.

"돌 하나에 50만 달러나 썼어Just spent half million dollars on a rock."

'관종'이라는 말을 많이 듣던 사람이라 별로 놀라운 일도 아니기는 하지만, 저 짧은 문구에는 꽤 다양한 의미가 내포되어

Just spent half million dollars on a rock 🪨

4:34 PM · Aug 22, 2021 · Twitter for iPhone

992 Retweets　374 Quote Tweets　6,929 Likes

저스틴 선이 트위터를 통해 자신의 소유임을 알린 이더 락. (출처: https://twitter.com/justinsuntron/status/1429346110405890048)

있다. 일단 자신이 50만 달러쯤은 가볍게 쓸 만큼 부자라는 것과, 돌멩이 그림까지 구매할 만큼 NFT 시장을 밝게 전망하는 암호화폐 전문가이자 시원시원한 사람이라는 것 등이다.

사회학자이자 경제학자인 소스타인 베블런은 과시적 소비Conspicuous consumption 이론을 통해 사람은 누구나 자신의 경제적 상태와 사회적 지위를 과시하려는 습성이 있다고 주장했다. 저스틴 선의 행동은 마치 수컷 공작새가 암컷에게 구애할 때 아름다운 꼬리를 한껏 펼쳐 보이는 행동과 비슷한데, 인간은 공작새 같은 아름다운 꼬리가 없기도 하거니와 양심과 이성을 가진 동물이므로 직접 자신의 은행 계좌를 보여주는 등의 저돌적인 방법보다는 간접적인 방법을 선호한다.

이럴 때 사용되는 것이 바로 베블런 굿즈Veblen goods라고 불리는 물건들이다. 소유하거나 몸에 걸친 것만으로도 주인의 신분과 재력을 알 수 있는 특별한 물건을 말한다. 대표적인 것이 에르메스 버킨백이다. 가방 하나 가격이 수천만 원을 호가하지만 돈이 있어도 1년을 기다려야 살 수 있다는 엄청난 희소성을 지니고 있다.

저스틴 선에게는 돌멩이 그림 NFT가 이런 기능을 해주었다. 그는 돈이 아주 많을뿐더러 암호화폐 업계에서는 유명인사라서 해당 투자와 트위터 자랑질이 가져올 간접적인 플러스 요인도 적지 않을 것이다.

그런데 만약 우리 같은 일반인이 똑같은 그림을 구매해도 좋은 투자라고 할 수 있을까? 그러긴 쉽지 않다. 특히 미술품은 그 나름의 가격이 오르는 메커니즘이 있기 때문에 제대로 알지 못하고 함부로 투자했다가는 낭패를 보기 십상이다.

마르셀 뒤샹의 작품 〈샘〉은 실제 남자 소변기의 한쪽 귀퉁이에 'R. MUTT 1917'이라는 문구를 사인펜으로 적어놓은 미술품이다. 이게 왜 10억 원이 넘는 가격에 팔리는지 이해하지 못한다면 섣불리 고가 NFT 투자에 발을 들이지 않는 것이 좋다.

무엇보다 자신이 어떤 성향의 투자자인지 잘 알아야 한다. 자신이 원숭이 그림 한정판 1만 점 중 7225번 그림의 월등한 가치를 기

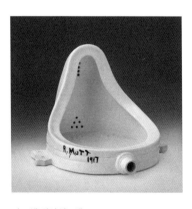

마르셀 뒤샹의 〈샘(Fountain)〉.

가 막히게 알아볼 수 있는 사람인지 아닌지를 명확히 구분해야 한다.

나는 스스로 어떤 성향인지 잘 알기 때문에 매달 비트코인의 유통비용을 분석하고 투자한다. 물론 다른 유망기업의 주식에 투자하기도 한다. 자기가 제일 잘할 수 있는, 자신의 성향에 맞는 투자를 해야 한다. 그것이 가장 성공적인 전략이다.

DAO를 둘러싼 논란

DAO는 어떤 목적을 이루기 위해 여러 사람이 모여 함께 일하는 조직이라는 점에서 주식회사나 협동조합과 비슷하다. 그러나 명백히 다른 점은 특정한 중앙집권 주체의 개입 없이 참여자들끼리 자발적으로 소통하고 투표 등을 통해 다수결로 의결함으로써 운영된다는 점이다.

이해를 돕기 위해 2022년 1월에 설립된 링크다오LinksDAO를 예로 들어보겠다. 이 DAO는 미국에 있는 PGA 투어급 골프장 두 개를 인수할 목적으로 결성되었다. 이를 위해 운영진은 먼저 NFT 9,090개를 발행하여 불특정 다수 대중에게 팔았고, 약 120억 원을 모았다.

이 NFT를 구매한 사람들은 우선 링크다오가 미국 어느 지역에 있는 골프장을 구입할지에 대한 투표권을 갖게 된다. 그뿐아니라 나중에 골프장을 구입한 뒤에는 해당 골프장에 입장해

시설을 이용할 수 있는 일종의 회원권도 같이 받게 된다.

골프장 운영 전반은 별도 법인을 세워 맡길 예정인데, NFT 보유자에게는 이 법인의 주식을 우선 매수할 권리까지 주어진다. 만약 링크다오가 성공적으로 골프장을 구입한다면, NFT에 투자한 사람들은 미국에서 가장 유명한 골프 코스 두 곳에 마음껏 드나들면서 그 골프장의 주주까지 될 수 있다.

해당 NFT 판매는 오픈시에서 공개되었기 때문에 약간의 이더리움만 있으면 누구나 참여할 수 있었다. 참고로 일반 회원권에 해당하는 '레저 멤버십'은 0.18ETH에, 그보다 좀 더 등급이 높은 VIP 회원권에 해당하는 '글로벌 멤버십'은 0.72ETH에 판매되었다.

DAO는 이처럼 관심사가 같은 사람들끼리 인터넷 공간에서 자금을 모으고, 규칙을 정하고, 공동의 목적을 이룬다는 면에서 기존 주식회사 제도보다 이점이 많다. 우선 국경이 없는 인터넷 상에서 조직이 결성되고 암호화폐로 자금을 모으기 때문에 비교적 손쉽게 다수의 참여자를 모집할 수 있으며, 규모가 큰 자금을 빠르게 모을 수 있다. 또 목적 달성을 위한 의사결정을 민주적인 형태로 진행하므로 투명하고 운영도 믿을 수 있다. 목적을 달성한 이후 얻게 되는 결실 역시 특정 중앙집권 세력이 독식하지 않고 참여자가 모두 공평하게 나눈다는 면에서 이상적이기까지 하다.

그러나 이런 식의 '커뮤니티형' 조직이 과연 언제까지 사업을 안정적으로 유지하고 확장시킬 수 있을지는 의문이다. 예를 들어 링크다오도 골프장을 구매한 이후 문제가 발생할 수 있다. 어떤 골프장을 구입할지는 DAO 멤버들이 투표로 결정할 수 있지만, 골프장을 이런 방식으로 운영했다가는 의사결정을 빨리 하지 못하는 위험을 감수해야 한다. 또 골프장에서 수익이 나지 않으면 DAO의 인기도 시들해지고 참여자도 이탈할 것이다.

링크다오에서는 별도 법인을 만들어 운영을 맡긴다는 계획을 내놓기는 했지만 그래도 문제는 여전하다. 어차피 NFT 투자자들이 법인의 주요 주주가 되기 때문에 링크다오가 법인 경영진의 상위 기구처럼 자리매김할 가능성이 높다. 링크다오가 법인 경영에서 완전히 손을 떼겠다는 서약을 한다면 모르겠지만, 과연 그게 가능할까?

세상에 존재하는 모든 조직에는 '위선Hypocrisy'이 존재한다. DAO에서 높은 영향력을 행사하는 주요 인물들이 DAO 내에서도 결국 위계와 서열과 권력집중이 일어날 수밖에 없다 골프장 운영의 지속가능성을 위해 얼마나 많은 권력을 법인에 양도할 수 있는지가 관건이다. 만약 계속해서 권력의 맛을 포기하지 못해 경영에 입김을 넣는다면 절대 성공적으로 골프장을 운영할 수 없다. 사공이 많으면 배가 산으로 가게 되는 법이다.

DAO는 또 다른 버블인가

지금 하루가 멀다 하고 디스코드에 만들어지는 수많은 DAO는 대부분 이런 문제점에 대해 명확한 해결책을 제시하지 못하고 있다. 다른 말로 하면 사람들의 이목을 잡아끄는 흥미로운 목표를 가진 DAO는 많지만, 토큰을 찍어 내서 팔고 자금을 모집한 이후에는 별다른 성과가 없는 경우가 대부분이라는 뜻이다.

어디 성과만 없을 뿐인가? 설립자가 자신이 만든 DAO에서 쫓겨나기도 하고, 토큰 판매로 모은 자금을 운영진이 몰래 출금하여 잠적하는 일도 비일비재하다. 거의 모든 DAO가 겉으로는 투표 과정을 거치지만, 사실상 설립자나 운영진의 의지대로 투표 결과가 나오는 경우도 많다. DAO에서는 토큰을 더 많이 가진 사람이 더 많은 투표권을 가진다. 그런데 대부분 설립자 본인과 초기 투자에 참여한 지인, 즉 우호 세력이 토큰을 가장 많이 가지고 있기 때문이다.

DAO를 탈중앙화 조직으로 키워 성공적으로 운영하려면 비트코인의 지배구조를 답습하면 된다. 비트코인은 설립자만 있을 뿐 운영진이나 재단이 없는데도 지금의 성공을 이뤄냈다. 과거 일부 비트코인 고래 홀더들이 세력을 만들어 재단을 만들려고 시도하기도 했지만 실패로 돌아갔다.

만약 DAO 설립자들이 비트코인을 만든 나카모토 사토시처럼 커뮤니티가 자체적으로 돌아갈 수 있을 만큼 충분히 성숙한 뒤에 모든 것을 내려놓고 떠난다면 비슷하게 성공할 수도 있을 것이다. 그러나 현실적으로 이게 말처럼 쉽지는 않다.

비트코인이 택한 방식은 '원죄 없는 잉태Immaculate Conception' 라고 불린다. 성모 마리아가 아무런 대가 없이 세상에 내려놓은 아기 예수처럼, 비트코인 창시자도 어떠한 금전적 이득을 취하지 않은 채 사라졌기 때문이다. 누군가 이를 똑같이 따라 하는 일은 매우 어려운데, 크게 두 가지 이유가 있다.

첫째, 이제는 비트코인의 성공을 모두가 알고 있기 때문에 금전적 보상이 더욱 강력한 동기가 된다.

둘째, 설령 설립자가 돈에 관심이 전혀 없는 사람이라고 해도 권력의 '위선'에서 자유롭지 못하다. 예를 들면 주변 사람들은 아무도 그렇게 생각하지 않는데 혼자서만 '앞으로 몇 년만 더 하고 물러나자. 아직은 내가 있어야 해. 지금 떠나기엔 너무 일러'라고 생각하는 것이다.

DAO의 취약한 구조를 이해하려면 주식회사 제도와 비교해 보면 좋다. 주식회사는 기본적으로 무신뢰 기반 계약 시스템 이다. 조직의 모든 구성원은 사적 계약 관계로 묶여 있고, 모든 계약에는 성과에 대한 보상과 잘못했을 때의 책임이 명시된다. 주식회사에서는 주주와 이사회가 경영진을 주기적으로 견제 한다. 그래서 애플의 스티브 잡스도 자신이 세운 회사에서 쫓겨나기도 했다.

반면 DAO는 어떨까? 현존하는 조직 형태 중 협회, 재단, 협동조합 등 신뢰 기반 조직들이 DAO와 비슷하다. 처음에는 신뢰하는 동료들과 하나의 뜻을 이루고자 모였기에 문제가 없지만, 시간이 지날수록 생각과 견해에 차이가 생기게 된다. 결국 힘 있는 몇 명 위주로 권력이 다시 집중된다. 만약 이들이 조직을 엉망으로 운영한다면 견제할 방법도 없다.

구성원 간에 정기적으로 투표해서 경영진을 교체하는 등의 규칙을 미리 정할 수는 있다. DAO는 블록체인 위에서 조직되기 때문에 아예 스마트 컨트랙트를 이용해 리더의 임기를 정해놓기도 한다. 이를 약속집행 메커니즘Credible Commitment이라고 하는데, 이로써 조직의 규칙을 투명하게 공개하여 구성원의 조직 신뢰도를 높일 수 있다. 잘만 활용하면 블록체인 기반 DAO의 큰 장점이 되는 셈이다.

문제는 그렇게 정해놓은 규칙조차 마음대로 바꾸는 권력의 출현이다. 어떤 조직이든 둘 이상이 모이면 반드시 위계가 생기고, 위계는 곧 권력으로 이어진다. 주식회사는 이런 문제를 최소화하려고 만든 계약 기반 유한책임 시스템이다. 협동조합이나 길드 같은 신뢰 기반무한책임 또는 무책임 조직에서는 해결할 수 없었기 때문이다.

최근 급부상하는 DAO도 이러한 권력의 문제에서 자유로울

수 없다. 이 문제를 어떻게 해결하느냐가 DAO에 남겨진 숙제
이다.

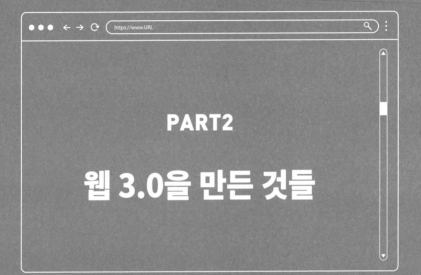

PART2

웹 3.0을 만든 것들

Chapter 1

—

전 세계적
네트워크의 시작

인터넷은 어느 특정 개인이나 기업이 만들어낸 것이 아니다. 오랜 시간에 걸쳐 수많은 사람이 조금씩 조금씩 발전시켜 탄생한 공공재이다. 마치 수도나 전기처럼 말이다. 우리 집 주방 싱크대에서 수도꼭지를 틀면 물이 나오는 이유는 우리 발밑에 수도관과 펌프와 하수처리장 같은, 눈에 보이지는 않지만 꼭 필요한 인프라가 존재하기 때문이다.

인터넷도 마찬가지이다. 그동안 수많은 분야에서 다양한 사람의 노력이 있었기 때문에 지금처럼 와이파이만 연결하면 어디서든 인터넷을 쓸 수 있는 인프라가 조성된 것이다. 웹 3.0이 무엇인지 이해하려면 웹의 근간이라 할 수 있는 인터넷의 특성을 먼저 이해해야 한다.

돈의 네트워크, 정보의 네트워크

비트코인은 중앙은행과 시중은행이 없어도 작동하는 탈중앙 금융 네트워크로서 만들어졌다. 탈중앙화된 금융 네트워크가 왜 필요했을까? 2000년대 미국의 대형 은행들은 이자 상환 능력이 없는 사람, 즉 서브프라임 등급에까지 부동산 담보 대출을 마구잡이로 해줘서 거대한 거품경제를 양산했다. 결국 부동산 시장이 무너지고 도산할 위험에 처하자 정부에서 대규모 구제 금융을 받았다. 대형 은행이 망하면 그곳에 예금을 넣은 사람들에까지 피해가 확대되니 중앙은행이 나서서 살려준 것이다.

문제는 이후 은행들이 보인 심각한 도덕적 해이였다. 대공황 이후 최악의 금융위기라고 할 수 있는 이 사건에서 책임을 지고 감옥에 간 사람은 당시 크레디트 스위스Credit Suisse의 임원이었던 카림 세라겔딘 단 한 명뿐이었다. 또 미국의 주요 은행들은 잘못을 반성하기는커녕 경영진에 예년보다 더 많은 보너스를 두둑이 챙겨주며 자기들끼리 보너스 잔치를 벌여 큰 비난을 받았다. 비트코인의 창시자 나카모토 사토시는 이들이 없어도 잘 돌아가는 세상을 만들고 싶었던 것 같다.

과연 은행 없이 금융 거래가 가능할까? 은행이 우리의 일상생활에 너무나 깊숙이 들어와 있어서 잘 상상이 되지 않는다. 친구에게 돈을 보낼 때, 식당에서 음식을 먹고 계산할 때, 직장에서 월급을 받을 때 우리는 모두 은행을 통해 돈을 주고받는다. 사람들이 각기 다른 은행을 쓰더라도 매끄럽게 돈이 왔다 갔다 할 수 있는 것은 은행들끼리 쓰는 표준 네트워크가 있기 때문이다. 우리나라 은행들끼리는 '한은 금융망 네트워크'를 쓰고, 나라별로 중앙은행과 시중은행 간에 자유롭게 거래할 수 있도록 별도 네트워크를 구축해놓고 있다.

국가 간에 송금할 때에는 은행들이 스위프트SWIFT: Society for Worldwide Interbank Financial Telecommunication를 통해 서로 정보를 주고받는다. 쉽게 말하면 각국의 중앙은행과 시중은행이 쓰는 카카오톡이나 지메일이라고 생각하면 된다. 각국의 은행은 매일 4,200만 건이 넘는 주문을 스위프트를 통해 처리하고 있다. 만약 이렇게 각기 다른 나라에 있는 은행과 소통할 수 있는 '표준화된 네트워크'가 없었다면 지금처럼 자유롭게 외국과 돈을 주고받는 일은 불가능했을 것이다.

이렇듯 경제에 돈이 빠르고 민첩하게 흐르는 데는 모두가 동의한 약속된 언어로 촘촘히 이어진 그물망, 즉 네트워크가 꼭 필요하다. 지금 전 세계 경제가 누리는 풍요는 돈의 네트워크가 잘 구축된 덕분이라고 해도 과언이 아니다. 네트워크라는 굳건한 땅 위에 지어진 글로벌 은행 시스템 덕에 21세기 경제는 번

네트워크로 연결된 지구. (출처: https://theconversation.com/how-the-internet-was-born-from-the-arpanet-to-the-internet-68072)

영할 수 있었다.

그럼 이제 '돈'이라는 단어를 '정보'로 바꿔보자. 정보도 돈처럼 사용자 간에 마찰 없이 매끄럽고 빠르게 흐를 수 있어야 그 사용가치가 높아진다. 장작더미에 불을 붙여 적군이 쳐들어온 사실을 알리던 봉화 시스템이나 제1차 세계대전에서 광범위하게 사용되었던 전보 등은 모두 정보의 이동 속도를 비약적으로 높이려는 노력이었다. PC가 등장하고 정보통신 기술이 발전함에 따라 전 세계인이 실시간으로 정보를 교환할 수 있는 네트워크가 자연스럽게 형성되었다. 그것이 바로 '인터넷'이다.

생존 수단에서 소통 수단으로

인터넷은 1960~1970년대에 미국 국방부 고등계획국ARPA이 핵전쟁 등의 상황에서도 살아남은 이들이 정보를 교환할 수 있는 네트워크를 연구한 것이 기원이다. 이 최초의 통신망을 '아르파넷ARPANET'이라고 불렀으며, 현재 인터넷망의 시초라고 할 수 있다. 금융위기와 핵전쟁이라는 변수만 다를 뿐 기본적으로 비트코인과 인터넷 모두 혼란에 대비한 생존 수단으로 만들어졌다는 점은 비슷한 셈이다.

아르파넷은 NCPNetwork Control Protocol라는 프로토콜 기반으로 만들어졌고 원격 로그인, 파일 전송, 전자우편, 동호인 그룹 기능이 있었다. 이후 사용자가 증가하면서 컴퓨터 기종이 다양해졌고, NCP 프로토콜이 다른 통신망과 연결하기에는 부적합하여 TCP/IP라는 새로운 통신 프로토콜을 개발하게 되었다. TCP/IP 프로토콜은 원래 근거리 통신을 목적으로 개발되었는데, 현재도 LAN 환경에서 많이 사용되고 있다.

아르파넷에서 이용되던 NCP가 오늘날 이용되는 TCP/IP로 완전히 전환된 것은 1983년 1월 1일이다. 네트워크에 사용되던 프로토콜을 바꾼다는 것은 매우 어려운 일이다. 네트워크에 참가하는 모든 참여자가 거의 동시에 바꾸지 않는다면 엄청난 혼란이 일어날 수밖에 없기 때문이다. 그래서 수년 전부터 변화를 예고하고 1983년 1월 1일 동시에 교체하도록 했지만, 많은 사람

제록스 파크에서 아르파넷을 사용하는 연구원들. (출처: https://theconversation.com/how-the-internet-was-born-from-the-arpanet-to-the-internet-68072)

이 혹시 벌어질지 모를 혼란에 대해 우려했다. 놀랍게도 대규모 전환은 예상보다 훨씬 자연스럽게 이루어졌다. 이는 당시 네트워크에 참여하던 그룹이 얼마나 열성적이고, 주체적인 사용자로서 주인의식을 지녔었는지를 상징적으로 보여준다.

1982년 미국 국방성은 아르파넷에 접속하는 모든 호스트를 대상으로 TCP/IP 사용을 의무화했고, 1983년에는 군사용 네트워크 기능을 밀넷MILNET: Military Network으로 분리했다. 아르파넷은 민간용 네트워크로 사용하면서 1983년 인터넷이라는 이름으로 본격적으로 운영되기 시작했다. 1985년이 되자 인터넷은 이미 수많은 연구자와 개발자로 이루어진 거대한 커뮤니티로 발전했고, 이들은 거의 매일 컴퓨터를 이용해 다양하게 소통했다. 특히 이메일 서비스를 활발하게 이용했는데, 초창기에 다양한 이메일 프로토콜을 연구하고 테스트한 덕분에 이후 이메일은 인터넷의 확산에 가장 핵심적인 역할을 하게 되었다.

표준 프로토콜 TCP/IP의 위력

인터넷이 본격적으로 민간에서 상업화된 계기는 1986년 미국 국립과학재단이 미국 내에 있던 다섯 개의 슈퍼컴퓨터를 연결한 TCP/IP 기반의 통신망인 엔에스에프넷NSFNET: National Science Foundation Network을 구축하면서부터다. 엔에스에프넷은 보편적으로 접근할 수 있는 과학연구 네트워크를 구성하는 것이 목표였다. 여기에 아르파넷과 동일한 TCP/IP 프로토콜을 이용하기로 하면서 각각의 네트워크가 서로 다른 그룹으로 구성되었던 네트워크 세상에 일대 파란을 일으키게 된 것이다.

1988년 아르파넷이 엔에스에프넷에 흡수됨에 따라 본격적으로 거대한 네트워크망이 완성되어 인터넷으로 사용되기 시작했다. 네트워크 수요가 빠르게 늘고 급속히 확장되자 엔에스에프넷은 운영과 접속에 대한 프로그램을 지역적으로 분산시킬 수밖에 없었다. 이 과정에서 다양한 기업이 관여하게 되었고 일반인의 인터넷 접속도 확대되었다. 더는 엔에스에프라는 학술적 네트워크 성격으로만 유지하기 어려워지는 상황에 직면했고, 이것이 인터넷과 관련한 다양한 결정을 내리는 지배구조를 바꾸는 결정적인 계기가 되었다.

TCP/IP는 서로 다른 통신망, 서로 다른 통신 프로토콜을 이용하더라도 서로 통신할 수 있도록 개발된 통신 프로토콜이다. 이전 네트워크에서는 어떤 업체에서 제조했는지, 또 어떤 회사에서 사용하는지에 따라 다양한 프로토콜이 존재했다. 현재는 여러 프로토콜이 TCP/IP 프로토콜을 기반으로 하고 있다. TCP/IP는 프로토콜 자체가 아니라 프로토콜이 단계적으로 쌓인 묶음을 의미하며, TCP/IP 프로토콜 스택이라고도 한다.

TCP/IP는 유닉스UNIX 운영체제에서 기본 프로토콜로 사용되었으며, 개인용 컴퓨터도 윈도우 95 이후부터 기본 프로토콜로 사용하게 되었다. TCP/IP를 통신 프로토콜 중에서 가장 많이 이용하게 된 계기는 '월드와이드웹WWW: World Wide Web'의 등장이다. WWW뿐만 아니라 인터넷 서비스인 전자메일, 텔넷, FTP 등도 대부분 TCP/IP 기반에서 만들어진 통신 응용프로그램이다.

TCP/IP의 특징을 살펴보면 다음과 같다. 첫째, 개방된 프로토콜 표준이어서 누구나 표준안을 얻을 수 있고 누구나 표준화 과정에 참여할 수 있다. 둘째, 컴퓨터 하드웨어나 소프트웨어 또는 네트워크망의 종류와 관계없이 이용할 수 있다. 셋째, 인터넷 주소를 유일하게 보장하여 인터넷상에서 언제 어디서나 쉽

계층	계층명	예시 프로토콜, 장비
4계층	애플리케이션 계층	FTP, SSH, DNS, TELNET, HTTP
3계층	트랜스포트 계층	TCP, UDP, 로드밸런서
2계층	네트워크 계층	ICMP, IP, ARP, 라우터
1계층	데이터링크 계층	스위치, 허브
1계층	물리 계층	LAN, MAN, WAN

TCP/IP 스택 4계층. (출처: https://another-light.tistory.com/30)

게 통신할 수 있다. 이러한 강점 덕에 유닉스 운영체제 컴퓨터 뿐만 아니라 대부분의 컴퓨터에서 TCP/IP를 통신 프로토콜로 이용했다.

　이때부터 민간에서 인터넷 기술을 구현한 다양한 상업적 제품을 개발했고, 인터넷을 이용한 산업이 폭발적으로 증가할 조짐이 보이기 시작했다. 일부 기업에서는 솔루션*을 판매하면서 TCP/IP를 사용하지 않고 독자적인 네트워크를 이용했는데, 대표적인 것이 SNA·디이씨넷DECNet·네트웨어NetWare·넷바이오스NetBios 등이다. 이런 기업들에서 TCP/IP를 구현하지 않은 이유는 여러 가지겠지만, TCP/IP 자체에 대한 기본적인 이해도가

◆　Solution, 특정한 목적을 수행하기 위해 개발한 소프트웨어 제품이다. 기성 제품을 변형 없이 그대로 사용해야 하는 패키지 소프트웨어와 달리 고객의 요구사항을 반영하여 일부 기능을 커스터마이징할 수 있다.

부족한 것도 한몫했다.

1985년 이런 문제를 인식한 댄 린치는 인터넷 아키텍처 위원회IAB**와 협조해 '어떻게 TCP/IP가 동작하며, 문제점은 무엇인지'를 교육하는 3일짜리 워크숍을 열었다. 원하는 모든 벤더Vendor, 판매자 또는 판매업체가 참석할 수 있도록 했고, 워크숍의 연사들은 대부분의 프로토콜을 개발하고 언제나 이용하는 미국 국방성 산하 고등연구계획국DARPA의 연구 커뮤니티에서 초빙했다. 250개가 넘는 벤더에서 참석했고, 연사도 50명이 넘는 대규모 워크숍이었다. 워크숍이 끝나고 참석한 사람들은 '이런 기술을 개발한 연구자들이 너무나 개방적이고, 어떻게 동작시키고 만들면 되는지, 심지어 현재 무엇이 문제인지에 이르기까지 남김없이 이야기해준 것에 감동받았다'는 소회를 남겼다. 그리고 연사들은 벤더들이 실제 현장에서 발견한 여러 문제점을 듣고, 이런 문제를 해결할 기회를 얻게 되었다.

이런 개방된 분위기의 콘퍼런스와 튜토리얼, 설계 미팅과 워크숍, 스페셜 이벤트 등이 조직되어 2년 정도가 지나자 벤더들은 자신들이 구현한 TCP/IP 제품을 가지고 모여서 어떻게 구현했는지 보여주고, 제품들 사이에 인터넷을 구성하는 등의 데모가 가능하게 되었다. 이런 성과를 바탕으로 1988년 9월 제품 간

** Internet Architecture Board, 인터넷 아키텍처와 관련된 문제들을 협의하고 조정하는 국제 기구.

의 상호운용성을 테스트하는 최초의 트레이드 쇼가 열렸는데, 50개 벤더가 테스트를 통과했다. 이를 통해 경쟁제품을 만드는 곳이라 하더라도 서로 네트워킹을 할 수 있게 되면서 바야흐로 거대한 네트워크 연결의 하드웨어적인 기반이 만들어지기 시작했다.

상호운용성을 검증하는 트레이드 쇼는 이후 매년 전 세계 일곱 곳에서 개최되면서 25만 명이 넘는 사람들이 어떤 제품이 특별한 문제를 일으키지 않고 서로 잘 동작하는지 확인하고, 최신 제품과 최신 기술을 공유하는 이벤트로 자리 잡았다. 상업화를 위해 트레이드 쇼에 참가하는 노력과 별개로 벤더들은 IETF의 조사위원회에서 1년에 서너 차례 주최하는 미팅에도 적극 참가하여 TCP/IP 프로토콜의 확장에 새로운 아이디어를 내놓기 시작했다.

초기에는 미국 정부의 지원으로 대부분 대학에서 수백 명 정도가 참가하던 미팅이었는데, 기업들이 자발적으로 돈을 지불하면서 참가 인원이 급증하여 1,000명이 넘는 미팅으로 확대되었다. IETF 미팅이 명실상부 네트워크 기술을 확대 발전시키는 데 가장 중요한 역할을 하는 곳으로 자리매김하게 된 것이다. 이를 통해 연구자와 벤더는 물론, 네트워크 확대에 따라 사용자도 수혜를 입게 되었다.

합의된 정의

이처럼 많은 열린 마음을 지닌 선지자들에 의해 인터넷이 발전했지만, 참여자들마저 여전히 인터넷에 대한 정의조차도 잘 모르는 상태였다. 가장 일반적으로는 TCP/IP 프로토콜을 이용한 네트워크를 모두 인터넷이라고 칭했지만, 기본적으로 아르파넷과 관계가 있었기에 소유와 운영·관리 등에 있어 혼선이 생기는 것은 어쩌면 당연했다.

시간이 지날수록 많은 사람과 기업, 기관에서 인터넷을 이용하면서 사람들은 뭔가 제대로 정의하기를 원했다. 인터넷이 단순히 국가에서 이용하는 학술적인 연구 네트워크 이상의 가치와 철학을 지니기 시작하자 이에 대한 운영과 관리를 더 명확히 해야 한다는 목소리가 높아졌다. 결국 1995년, 인터넷은 새로운 정의를 가지게 되었다.

1989년 후반, 세른CERN, 유럽입자물리연구소의 팀 버너스 리는 물리학자들이 공통 하드웨어나 소프트웨어 없이도 데이터를 공유하는 일이 필요함을 인지하고 하이퍼텍스트 기술을 이용해 데이터를 공유하는 소프트웨어를 개발했다. 하이퍼텍스트는 1950년대에 테드 넬슨이 제안한 개념이며, '사람이 읽을 수 있는 정보가 자연스러운 방법으로 연결된 것'을 의미한다.

팀 버너스 리는 당시 세계에서 가장 복잡하고 방대한 네트워크를 갖고 있던 세른에 이 하이퍼텍스트를 이용한 정보 교류를

팀 버너스 리와 세계 최초의 월드와이드웹 페이지. (출처: https://theconversation.com/how-the-internet-was-born-from-the-arpanet-to-the-internet-68072)

제안하고, 자신이 직접 최초의 하이퍼텍스트용 문서 형태를 개발해 HTMLHypertext Markup Language이라고 이름 붙였다.

　팀 버너스 리는 HTML을 열어볼 수 있는 브라우저와 서비스할 수 있는 서버 소프트웨어도 직접 제작하기 시작했다. 1년 뒤인 1991년, 팀 버너스 리는 문자뿐만 아니라 그림을 표현할 수 있으며, 하이퍼텍스트를 통해 다른 문서로 손쉽게 연결할 수 있는 시스템을 완성했다. 이것이 바로 최초의 월드와이드웹이다.

　월드와이드웹은 만들어진 지 단 몇 년 만에 급속히 확장되었다. 초기에 세른 내부의 정보 교류를 위해 만들어진 WWW은 학교, 정부, 기업 등에서 앞다퉈 웹사이트를 개설하면서 엄청나게 빠른 속도로 성장하기 시작했다. 그러나 초창기 웹브라우저는 연구소나 대학에 설치되어 있는 고성능 워크스테이션에서만 사용할 수 있었기 때문에 일반 사용자는 WWW에 접근하기가 어려웠다.

일리노이대학교의 슈퍼컴퓨팅 프로젝트 NCSA에 참여하여 WWW를 사용할 기회가 있었던 대학생 마크 앤드리슨은, 소형 컴퓨터나 개인용 컴퓨터를 사용하는 사용자도 WWW에 접속할 수 있는 소프트웨어가 필요하다고 생각했다. 그리하여 모자이크Mosaic라는 소프트웨어를 개발했는데, 이 브라우저는 연구자뿐만 아니라 대중에게 WWW을 사용할 기회를 열어주었다. 훗날 그는 앤드리슨 호로위츠를 설립해 전 세계 웹 3.0 세상을

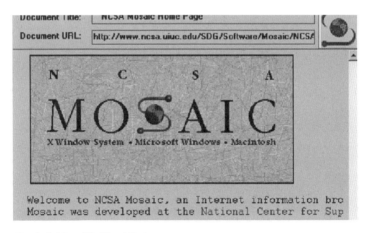

최초의 인터넷 브라우저 '모자이크'. (출처: https://www.zdnet.com/home-and-office/networking/mosaics-birthday-25-years-of-the-modern-web/)

선도하는 인물이 된다.

모자이크는 넷스케이프Netscape라는 이름으로 개발되어오다 지금은 공개 소프트웨어로 전환되어 파이어폭스Firefox라는 이름으로 명맥을 잇고 있다. WWW에 셀 수 없을 정도로 많은 서버가 접속하면서 정보의 양도 엄청나게 빠른 속도로 팽창했다. WWW에 접속한 사람들이 도메인웹페이지 주소을 일일이 기억할 수 없을뿐더러 서버 하나에도 엄청난 양의 정보가 저장되었기 때문이다.

이러한 불편함을 해소하기 위한 아이디어로 검색 엔진Search Engine이 나왔다. 이는 로봇Robot이라 불리는 가상의 프로그램이 웹사이트를 돌아다니며 정보를 모으고, 사용자가 원하는 바를 빠르게 검색할 수 있도록 돕는 일을 한다.

WWW을 위한 최초의 검색 엔진은 1993년 개발된 점프스테이션JumpStation이다. 이는 웹을 돌아다니면서 새롭게 만들어지는 웹페이지를 사용자에게 알려주는 역할을 하는 수준이었다. 얼마 후 1994년부터는 라이코스Lycos, 야후Yahoo, 알타비스타AltaBista 등 다양한 검색 엔진이 나타나 더욱 원활하게 인터넷 정보 검색을 할 수 있게 되었다.

1995년 10월 24일, 미국 연방네트워킹위원회FNC는 만장일치로 인터넷이라는 용어에 대한 정의를 통과시켰다. 간략히 정리하면 다음과 같다.

인터넷은 다음과 같은 특징을 지닌 글로벌 정보 시스템을 일
컫는다.

1. 인터넷 프로토콜IP 또는 IP의 확장이나 후속 프로토콜에 기
   반을 둔, 세계적으로 유일한 주소 공간에 의해 논리적으로
   연결되어 있다.

2. TCP/IP 프로토콜 또는 이의 확장이나 후속 프로토콜, 그리
   고 다른 IP와 호환되는 프로토콜을 이용한 통신을 지원할
   수 있어야 한다.

3. 위에 언급한 인프라 구조나 통신 계층 위의 공공 또는 사적
   으로 고수준 서비스를 제공하거나 사용·접근할 수 있다.

이렇게 등장한 웹 1.0의 특징적 기능은 하이퍼링크와 북마크
라고 할 수 있다. 콘텐츠는 텍스트와 약간의 이미지가 주된 형
태였고, 음악이나 동영상 등 멀티미디어 사용은 극도로 제한되
어 있었다. 최종 사용자와 웹페이지 제작자 사이의 의사소통도
빠져 있었다. 주요 기능인 HTML을 사용한 이메일 전송이 전
부다시피 한 정적인 형태로 웹사이트가 운영되었다.

웹사이트에서는 운영자가 보여주는 것 외에 접할 수 있는 정
보가 거의 없었고, 동적인 데이터를 제공하는 서비스도 없었다.
컴퓨터가 아직 느렸고 하드디스크의 저장 공간도 충분치 않았
으며 네트워크의 대역폭도 작았으므로 동영상이나 플래시같이

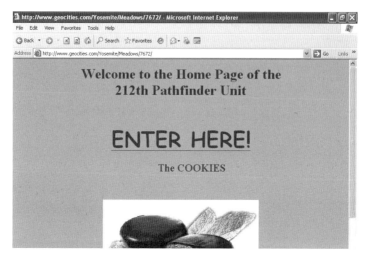

간단한 텍스트와 하이퍼링크로 이루어진 웹 1.0 시절 웹사이트. (출처: https://www.mach37.com/blog/web3)

현란한 웹사이트는 리소스 낭비로 여겨졌다. 웹 1.0의 특징을 정리하면 다음과 같다.

1. 웹은 인쇄물의 대체재나 보완재 정도로 생각되었고, 웹사이트는 브로슈어 형태를 넘지 못했다.
2. 사용자가 할 수 있는 활동은 화면에 나타나는 정보를 읽는 것으로 제한되었다.
3. 콘텐츠는 대부분 텍스트와 하이퍼링크로 이루어져 있었다.
4. 웹사이트에 나타나는 정보는 운영자가 소유한 것을 보여주는 데 그쳤다.

지금 기준으로 생각해보면 기능과 활용성이 매우 제한적이었는데도, 2000년대로 접어들 무렵 세계 경제가 가장 주목하는 부문은 인터넷의 대두였다. 앞서서 뉴스와 영화와 책을 보고, 지구 반대편에 있는 사람과 소통할 수 있는 꿈의 통신망이 대중화되자 너도나도 이 분야의 사업에 뛰어들었다. 그러나 장밋빛 미래만 기다리고 있을 것 같았던 인터넷 산업에 아무도 예상하지 못한 드라마가 펼쳐지게 된다.

—

Chapter 2

속도에 걸려
비틀거리다

인터넷은 빠르게 발전했다. 그러나 너무 빨랐던 것이 문제였다. 역사적으로 신기술이 너무 빠르게 등장할 때면 언제나 같은 일이 일어났다. 충분한 인프라와 수요가 갖춰지지 않은 상태에서 기술에 대한 기대감만 앞서나가다 보니 거품이 형성된 것이다. 이를 기술의 하이프 사이클Hype Cycle이라고 부른다.

1990년대 중반에서 후반으로 넘어가던 시기, 미국에서 급격하게 형성된 IT 시장의 거품은 두 가지 원인에서 기인했다. 첫째, 서비스는 쏟아져 나왔지만 이를 수용할 '시장'이 존재하지 않았다. 둘째, 정말 효용가치가 높은 서비스가 등장할 만큼 충분한 '인프라'가 없었다.

버블에 갇힌 신기술

잠시 시간을 과거로 되돌려보자. 인류의 운명을 바꾼 대표적인 기술 중 하나인 자동차 역시 같은 운명을 걸었다. 현재 포드·크라이슬러·GM, 이 3사가 지배하고 있는 미국의 자동차 제조산업도 초기에는 전혀 다른 모습이었다.

미국에서 자동차 산업은 컨베이어벨트 대량생산 방식 도입과 함께 생겨나 1890년대에 본격적으로 성장했다. 1895년 설립된 두리아Duryea를 시작으로 미국 전역에 자동차 제조업체 1,900개가 생겨나 서로 경쟁했고, 이들이 생산하는 자동차는 3,000종이 넘었다.

이렇게 많던 제조업체가 지금은 대부분 사라지고 단 3개만 남게 된 데는 크게 두 가지 이유가 있다.

첫째, 각기 다른 1,900개 회사가 만들어내는 자동차를 소비할 만큼 큰 시장이 존재하지 않았다. 당시 일반 사람들은 주로 물건을 옮기는 용도로 마차를 사용했고, 자동차에도 같은 역할을 기대했다.

그러나 당시에는 엔진 기술이 미성숙해 대량 운반이 원천적으로 불가능했으므로 산업용으로 큰 가치가 없었다. 또 자동차 가격이 워낙에 비쌌기 때문에 서민은 이용할 수 없었고 '귀족'들만 마차를 대신해 타고 다닐 뿐이었다. 1897년에 전기차가 나오기도 했지만, 당시에 전기 충전 비용은 석유 가격보다 부담스러웠고, 충전 시간도 너무 오래 걸렸다. 100년 전에는 전기차가 대중화되기 매우 힘든 상황이었다.

둘째, 많은 자동차가 다닐 만한 도로와 주유소가 존재하지 않았다. 즉, 충분한 인프라가 없었다. 20세기 초 미국의 도로는 포장되지 않아 자동차가 다니기 어려웠다. 울퉁불퉁한 비포장도로를 다니는 데는 말이 끄는 마차가 여전히 훨씬 편했고, 도시 간 장거리 이동에는 철도나 수로가 안성맞춤이었다. 자동차를 운전하다가 기름이 떨어지면 들를 수 있는 주유소는 1905년 세인트루이스에 처음 들어섰고, 15년이 지난 1920년에야 비로소 전국에 15,000개 주유소가 설치되었다. 그러니 그동안 자동차를 운행하기가 얼마나 불편했겠는가.

1800년대 후반, 말이나 당나귀가 끌지 않아도 저절로 가는 탈 것이 등장한 것은 분명 엄청난 혁신이었다. 새로운 기회를 포착한 기업들은 선제적으로 시장을 선점하겠다며 경쟁에 나섰지만, 그 기술이 대중화되기에는 시점이 너무 일렀다. 결국 우후죽순으로 생겨난 1,900개 기업은 점차 사라져갔고, 1930년대 대공황 이후에는 단 8개만 남았다. 그리고 1960년대 들어 지금의 '빅3' 체제가 공고해졌다. '너무 빠른 것도 독이다'라는 말이 떠오르는 역사의 한 장면이다.

닷컴버블의 불쏘시개 넷스케이프

1990년대 들어 인터넷은 다수의 일반 사람들이 정보를 교류하고 커뮤니티를 만드는 공간으로 발전하기 시작했다. 여기에서 새로운 기회를 포착한 기업들이 이들을 위한 다양한 서비스를 만들어 제공하기 시작했는데, 이를 애플리케이션Application이라고 불렀다.

원래 애플리케이션의 사전적 정의는 사용자 또는 다른 애플리케이션에 특정한 기능을 직접 수행하도록 설계된 프로그램이다. 하지만 여기에서는 프로그래밍 언어를 사용해 웹상에서 특정 기능을 수행하는 것을 통칭하여 '애플리케이션이하 앱'이라고 하겠다.

잠시 당시 사회 분위기를 살펴보자. 인터넷이 서서히 대중화되기 시작한 1990년대 중반은 미국에서 IT혁명, 정보혁명기로 불린다. 민간과 기업에서 대규모로 전산 장비를 구매하고 전산화를 추구하기 시작했다. 특히나 1995년은 무척 중요한 시기였다. 인터넷 브라우저의 대중화를 이끈 넷스케이프가 등장한 해이기 때문이다.

지금에야 익스플로러, 크롬 등에 잊히고 만 웹브라우저이지만 넷스케이프는 분명 인터넷 시대를 이끈 혁명가라고 할 수 있다. 넷스케이프는 웹 세상의 시초를 연 웹브라우저 모자이크를 만든 마크 앤드리슨과 IT 개발자 짐 클라크 등이 세운 넷스케이프 커뮤니케이션Netscape Communications에서 1994년 10월 출시되었다.

그 이전에 미국인들은 주로 PC 통신을 사용했다. 아메리카 온라인AOL이라는 회사에서 제공하는 PC 통신 방식으로 사람들과 교류하고 정보를 주고받은 것이다. 웹의 개념이 아예 존재하지 않은 것은 아니지만 대중화되지는 못한 상태였다. 그때 넷스케이프가 등장함으로써 우리가 지금 누리는 웹브라우저 세상, 즉 WWW 시대를 본격적으로 열었다고 할 수 있다.

순식간에 엄청난 돌풍을 일으킨 넷스케이프는 시장의 혁명으로 불렸고, 넷스케이프 창업자들은 미국 나스닥 시장에 상장하기로 결심했다. 1995년 8월, 넷스케이프는 상장되자마자 인터넷 시대에 대한 낙관적 전망을 타고 두 배 이상 뛰어오른 가격인 58달러에 장을 마감했다.

넷스케이프가 성공적으로 상장하자 IT 벤처에 뛰어들고자 하는 창업자들과 이에 투자하고자 하는 벤처캐피탈 회사들은 고무되었다. 당시 통신법을 개정하면서 통신 인프라가 확충되고 IT에 대해 장밋빛 미래가 예견되면서 많은 사람이 창업 시장에 뛰어들었다.

애초에 실리콘 칩을 제조하는 회사가 많이 모여 있어서 '실리콘밸리'라고 불리던 캘리포니아주 샌프란시스코만 남부 일대에서는 집적회로와 반도체 등을 주로 생산하다가 PC 등을 제조하는 일에 도전했다. 그러다 1990년 닷컴 시대를 전후해 인터넷 기업이 다수를 차지하게 되었다. 실리콘밸리에 대한 벤처 투자 금액은 미국 전체 벤처 투자 금액1,051억 달러의 1/3인 339억 달러에 달했고, 이 중 247억 달러가 바로 IT기업들에 투자되었다.

과도한 기대감이 만든 괴물, 펫츠닷컴

1990년대 후반 실리콘밸리 닷컴 기업들 가운데 펫츠닷컴Pets. com은 닷컴버블Dot-com bubble을 상징하는 대표적 예이다. 1998년 11월 샌프란시스코에 설립된 펫츠닷컴은 회사 이름 그대로 '애완동물을 위한 모든 것'을 서비스했다. 이들이 보기에 기존 애견용품 회사들은 확고한 브랜드 없이 오프라인 매장에만 의존하는 구시대적 유물이었다. 그래서 이를 해결하는 혁신적인 온라인 회사를 표방했다.

펫츠닷컴의 비전에 홀려 돈을 집어넣은 이가 한둘이 아니었다. 제프 베이조스도 펫츠닷컴에 투자했다. 그는 마침 골든 래브라도 리트리버를 기르는 애견가였고, 아마존닷컴의 온라인 쇼핑 영역을 강화하고 싶어 했다.

결국 1999년 3월, 126억 원을 투자해 펫츠닷컴의 주식 50%를 사들이는 통 큰 결정을 내렸고, 기자 회견에서 직접 펫츠닷컴에 대한 애정을 표명하기도 했다. 샌프란시스코에 있는 명망 있는 벤처캐피탈 허머 윈블라드 벤처 파트너스Hummer Winblad Venture

Partners도 투자사 대열에 끼었다.

그러나 펫츠닷컴은 전형적인 '속 빈 강정'형 기업이었다. 원가의 40~70% 가격으로 물건을 팔았으니 매출이 오를수록 손실이 쌓였다. 그러면서 광고에는 쓸데없이 막대한 비용을 지출했다. 2000년 1월에는 비싸기로 유명한 슈퍼볼 황금시간대에 텔레비전 광고를 내보냈다. 브랜드 이미지를 강화한다는 이유로 유명 광고회사에 큰돈을 주고 '양말 인형Sock Puppet'이라는 캐릭터를 만들기도 했다.

양말 인형은 연예인급 인기를 구가했다. 미국 ABC 방송의 <굿모닝 아메리카>에 등장했고, <피플>지와 인터뷰도 했다. 양말 인형은 메이시스 백화점Macy's의 추수감사절 퍼레이드에서 뉴욕 거리를 날아다녔고, 다양한 캐릭터 상품으로 만들어져 판매되었다. 양말 인형은 펫츠닷컴의 브랜드 마스코트를 넘어 A급 유명인사가 되었다.

이렇게 양말 인형이 사람들의 호감을 사는 데는 성공했지만, 그 인기가 펫츠닷컴의 매출 증가로 연결되지는 않았다. 2000년이 시작될 즈음 펫츠닷컴의 월간 방문객은 100만 명도 채 되지 않았다. 사람들이 온라인 쇼핑에 익숙하지 않았을뿐더러 결제와 배송 인프라도 잘 갖춰지지 않아 오프라인 쇼핑보다 불편했기 때문이다.

결국 1900년대 미국 자동차 산업 태동 때와 비슷한 상황이 연출되고 말았나. 충분한 수요가 발생할 만한 규모의 시장이 없었고, 안정적으로 서비스를 확장할 수 있는 인프라가 갖춰지지 않았다.

2000년 2월 펫츠닷컴은 기업공개를 통해 나스닥에 상장하며 무려 990억 원을 조달했지만, 불과 9개월 뒤인 2000년 11월 파산을 신청했다. 창업 후 2년 만에 아마존의 투자를 유치하고 나스닥에 상장하며 성공 가도를 달리던 '닷컴 벤처의 신화'는 세상에 등장할 때와 마찬가지로 매우 빠르게 역사의 뒤안길로 사라졌다.

기업형 인트라넷의 실패

1990년대 후반 닷컴 기업들에 쏟아진 시장의 과도한 기대감은 단순한 거품 형성 외에 의외의 영역에서 부작용을 만들어내기도 했다.

"인터넷 확산과 더불어 앞으로는 인트라넷이 기업 경영에서 주요 네트워크로 부상할 것이다." 1995년 빌 게이츠 마이크로소프트 회장이 '인트라넷 붐'을 예고하며 한 말이다. 그의 예언은 어느 정도 적중하는 듯 보였다. 이듬해부터 수많은 미국 기업이 기업 경쟁력 제고를 위해 잇달아 인트라넷을 도입했기 때문이다.

인트라넷은 웹이 대중화되면서 인터넷을 조직에서 업무용으로 사용하려는 시도에서 비롯되었다. 인터넷의 주 사용 목적인 문서 검색과 전자메일 등을 회사 내부 문서 배포와 전자결제, 게시판 등에 사용하면 상대적으로 저렴하고, 기존의 웹 환경을 그대로 이용하면서도 기업 내 정보 교환을 쉽게 해주기 때문이다.

인터넷과 인트라넷이란 어떻게 보면 완전히 같은 개념이다. 다만 기업 내부의 업무를 처리하느냐, 아니면 외부와 정보를 교환하느냐 하는 사용 목적만 다를 뿐이다. 인터넷은 개방성이 특징이기에 외부에서 기업 내부의 데이터베이스에 쉽게 접근할 수 있도록 설계된다. 그러나 인트라넷은 외부에서 기업 내부의 중요 정보에 함부로 접근하지 못하도록 방화벽이나 프락시 서버 등 보안시스템을 추가하거나 강화한다.

이러한 점이 다를 뿐, 두 네트워크는 TCP/IP라는 동일한 프로토콜에 의존한다. 한마디로 인트라넷을 통해 기업은 물리적으로 흩어져 있는 기업 내부 조직에 울타리를 치고 공간적 거리를 전혀 느끼지 않으면서 '현대판 축지법 경영'을 할 수 있게 된 것이다.

당시 기업들은 인트라넷을 도입하면 경영상 이익을 크게 얻는다고 여겼다. 우선 인트라넷을 도입하면 공간적 거리가 무의미해지고 세계 각국 지사의 모든 직원을 한 사무실에 있는 것처럼 관리할 수 있다고 생각했다. 의사결정 시간이 짧아지고, 정보 공유를 통해 부서 간 협력이 잘 이루어짐으로써 생산성이 증가할 거라고 내다본 것이다.

　실제로 인트라넷에서 모든 문서를 전자문서화하면서 비용 절감 효과를 얻기는 했다. 기업 내 필요한 모든 문서를 전자문서로 출간하면서 시간 면에서는 미국 기업에서 평균적으로 소요되는 결재 시간의 57%, 문서 전송 시간의 99%, 문서 작성 시간의 22%가 절감되었고, 공간 면에서는 사무기기 공간의 72%, 문서보관 공간의 95%, 임대료의 27%가 절감되는 효과를 가져왔다.

　지금 생각하면 어이없지만, 당시 일부 기업에서는 기업형 인트라넷이야말로 인터넷이 올바르게 발전할 방향이라고 믿었다. 인터넷같이 누구에게나 완전히 개방된 네트워크에 개인이 올리는 정보는 별로 중요하지도 않을뿐더러 믿을 수도 없다고 생각했다. 기업들은 회사 내부의 정보는 인트라넷에서 교류하고, 회사와 외부 고객 간 정보 교류는 엑스트라넷Extranet이라는 자체 네트워크에서 하여 충분히 검증되고 검열된 정보만 온라인상에서 유통되어야 한다고 믿었다. 즉, 인터넷이라는 공간이 각기 독립적인 네트워크를 운영하는 기업을 위주로 파편화할 것이라고 여긴 것이다.

　이에 공감한 벤처캐피탈과 월가 자본들은 어느 기업이 가장 기술적으로 진화한 인트라넷을 내놓고 인터넷 산업을 이끌지 알아내려고 경쟁적으로 공격적인 투자를 남발했다.

당시 기업들은 통합된 표준 프로토콜이 무엇인지, 그것이 왜 필요한지조차 몰랐다. 기업마다 인트라넷에 서로 다른 표준을 적용했기 때문에 어떤 것은 SNA 기준, 어떤 것은 네트웨어 기준으로 동작했다.

이 문제를 쉽게 이해하기 위해 A기업의 구매처 직원이 B기업의 영업팀에 이메일을 보내는 상황을 상상해보자.

두 기업이 쓰는 인트라넷 표준이 서로 다른 탓에 A기업 구매처 직원이 아무리 '발송' 버튼을 눌러도 이메일이 전송되지 않는다. 이 사정을 알 리 없는 B기업 영업팀 담당자는 왜 빨리 이메일을 보내지 않느냐고 A기업 구매팀 직원에게 전화를 걸어 닦달하고, A기업 직원은 속으로 욕을 한 바가지 퍼부으며 다시는 인트라넷의 이메일 기능을 쓰지 않겠노라고 다짐하면서 팩스로 문서를 보낸다. 이는 실제 1990년대 후반에 인트라넷을 선제적으로 도입했던 대기업 직원들 사이에서 빈번하게 일어났던 상황이다.

반면에 TCP/IP 표준으로 네트워크 프로토콜이 통합된 인터넷에서는 누구나 원하면 자유롭게 접속해서 웹사이트를 구축할 수 있었을 뿐 아니라 웹사이트 간에 이동하거나 정보를 송수신할 때도 아무런 문제가 없었다. 확장성 면에서 월등한 인터넷으로 당연히 더 많은 자원과 리소스가 투입되었고, 기업용 인트라넷보다 사용성이나 기능성 면에서 훨씬 앞서나가기 시작했다.

인트라넷은 일단 내부 임직원을 대상으로 만들었다는 특성 때문에 사용자 관점에서 UI나 서비스 플로를 고민하지 않아 쓰기 불편했고, 폐쇄적인 특성 탓에 정보의 양 자체가 기하급수적으로 자가 증식하는 인터넷보다는 제한적일 수밖에 없었다. 결국 인터넷의 미래를 위시하며 우후죽순 등장했던 기업형 인트라넷은 서서히 자취를 감추었다. 현재는 은행, 증권, 대기업, 정부, 지자체, 학교, 공공기관, 군대 등 사내망이 꼭 필요한 조직에서만 주로 쓰고 있다.

기업형 인트라넷의 유행과 몰락은 한 기술의 성공 여부가 개방과 참여 그리고 공유에 달려 있음을 다시 한번 확인시켜주었다.

—

편리하고 편파적인 상호작용 인터넷

1990년대 후반 들어 웹은 상호작용을 할 수 있는 인터넷으로 발전했다. 서로 다른 사이트와 앱 사이에서 사용자가 생성한 정보가 개방되고 공유되기 시작한 것이다. 수동적인 웹에서 사용자의 참여를 반영한 동적인 웹으로 진화한 것이 웹 2.0이라고 할 수 있다. 인터넷 사용자들은 소극적 사용자에서 적극적인 웹 콘텐츠 작성자로 거듭나기 시작했고, 블로그를 운영하고 동영상을 만들어 올리며 커뮤니티에서 그들만의 콘텐츠를 만들어 냈다.

웹 2.0이란, 개방성 서비스 구조를 기반으로 사용자의 적극적인 참여를 통해 핵심 가치를 창출하는 인터넷 서비스를 말한다. '정보 개방을 통해 인터넷 사용자 간의 정보 공유와 참여를 이끌어내고, 이를 통해 정보의 가치를 지속적으로 증대시키는 것을 목적으로 하는 일련의 움직임'으로 정의할 수 있다.

이러한 정의에 대해 다양한 추가 논의가 이루어지면서 웹 2.0이라는 개념은 여러 사람이 제공하는 다양한 데이터를 활용하여 서비스를 생산해낼 수 있는 플랫폼, 그리고 사용자 중심의 커뮤니티가 주축이 되는 동적인 공간으로 발전했다.

'웹 2.0'이라는 용어는 1999년 다르시 디누시가 <프린트 매거진>의 '파편화된 미래Fragmented Future'에서 처음으로 소개했고, 2004년 말에 열린 오라일리 미디어O'Reilly Media의 웹 2.0 콘퍼런스를 계기로 빠르게 확산했다. 콘퍼런스에서 오라일리사의 데일 도허티 부사장이 웹의 전환점을 표현하는 적당한 단어로 '웹 2.0'을 제안했기 때문이다.

여기에서 주목할 점은 웹 2.0은 각종 기술의 발전에서 비롯했다기보다는 웹 환경에 대한 인식 변화에서 나타난 현상이라는 것이다. 웹에 대한 패러다임 변화가 웹 2.0으로 이어진 것이지, 기술 발전이 웹 2.0을 만든 것은 아니다.

초기 웹 2.0이 활용된 서비스는 다양하다. 온라인에 사진을 올리고 키워드 태그Tag로 분류할 수 있게 한 플리커Flickr, 검색창의 추천 검색어 기능, 알고리즘이 수많은 웹페이지를 돌아다니

	웹 1.0	웹 2.0
특징	· 포털(Portal) · 포털 위의 서비스는 사용자가 원하는 대로 조정 불가능 · 기술 중심	· 플랫폼(Platform)으로서의 웹 · 플랫폼 위의 서비스들은 사용자가 원하는 대로 조정 가능 · 사람 중심 · 참여와 공유의 신문화
핵심 기술	· HTML, ActiveX 등	· Ajax, XML, RSS, ATOM, Wiki, Tagging 등
os종속성	· ActiveX를 사용하여 OS/브라우저 종속성이 있음	· OS/브라우저에 상관없이 기능 구현 가능
사용자역할	· 웹 콘텐츠의 소비자	· 콘텐츠 생성에도 적극 참여
대표적 브라우저	· 웹브라우저를 통해 서버에 대화 요청. 단순한 뷰어 역할	· Fire Fox, 수백개 확장 기능이 모두 일반 사용자에 의해 수정·보완 가능
개인공간	· 홈페이지	· 블로그
사례	· 하이퍼링크 중심의 웹사이트	· 아마존, 구글, 위키피디아

웹 1.0과 웹 2.0 비교. (출처: '새로운 기회: Web 2.0', 한국전산원, 김은주, 2006.3.)

며 읽어 들인 링크를 바탕으로 우선순위에 따라 정보를 보여주는 구글의 페이지랭크, 온라인 중고책 서점이었던 아마존의 도서 리뷰 기능 등이다.

또 사용자가 직접 글을 써서 올리는 블로그와 위키피디아, 두 블로그를 서로 연결하는 링크를 만들어주는 트랙백Trackback, 관심 있는 블로그의 최신 글 목록을 한꺼번에 받아올 수 있게 해주는 RSS, 광고를 클릭할 확률이 높은 사람만 선정해 광고를 보여주고 클릭한 만큼만 광고비가 발생하는 구글 애드센스AdSense 도 웹 2.0의 개념을 잘 반영한 서비스이다.

플랫폼 기업들의 등장과 성장

2000년 닷컴버블 붕괴 후 오늘날까지 이어진 웹 2.0 시대의 가장 큰 특징은 플랫폼 사업모델이 인터넷 기업들의 성공 방정식으로 자리 잡았다는 점이다. 페이팔 공동창업자 피터 틸은 2014년 그의 저서 『제로 투 원』에서 소수의 플랫폼이 앞으로 모든 비즈니스를 장악할 것이라고 예견했다. 그의 예측은 어느 정도 사실로 드러났는데, 2022년 4월 기준 미국 시가총액 상위 10개 기업 중 5개 기업이 플랫폼 사업을 기반으로 하고 있다.

웹 2.0은 한마디로 인터넷의 기술적 진보를 발판 삼아 태어난 플랫폼 기업들이 대약진한 시대라고 정의할 수 있다. 예를 들어 보자. 동영상 OTT*시장의 선두주자인 넷플릭스, 온라인 커머스의 절대적 권위자로 자리매김한 아마존 등은 모두 플랫폼 기업이다. 인터넷이 발전하면서 기존에 있던 사업 영역의 경계를 허물어버리고 성공했다는 공통점을 갖고 있다.

넷플릭스는 윌멋 리드 헤이스팅스 2세가 1997년에 설립한 회사이다. 오늘날 넷플릭스가 성공한 가장 큰 요인을 꼽으라면 구

◆   Over The Top, 개방된 인터넷을 통해 방송 프로그램·영화 등 미디어 콘텐츠를 제공하는 서비스.

독모델Subscription을 꼽을 수 있다. 넷플릭스 이전 시대 사람들은 주로 비디오나 DVD를 빌려서 영화를 감상했지만, 이제는 넷플릭스에 접속해 실시간 스트리밍으로 감상한다.

지금은 모두에게 너무나 익숙한 방법이지만 사실 이것이 넷플릭스의 초기 사업모델은 아니었다. 헤이스팅스는 DVD 대여 및 우편배송 사업으로 넷플릭스를 시작했고, 자그마치 10년이 지난 후에야 인터넷으로 드라마와 영화 등을 보는 스트리밍 서비스를 도입했다.

그가 처음부터 스트리밍에 승부를 걸지 않았던 이유는 당시에 인터넷 인프라가 많이 부족했기 때문이다. 사실 그는 이미 창업 때부터 동영상 스트리밍 시대가 오리라 예상했지만 인터넷에서 끊김 없이 동영상을 보려면 빠른 인터넷 환경이 필수 요건이기 때문에 그 시대를 기다린 것이다.

2007년, 미국 전역에 초고속 인터넷망이 깔렸고 그가 기다리던 세상이 열리자 본격적으로 구독형 스트리밍 서비스를 시작했다. 이 한 방으로 넷플릭스는 당시 비디오 대여사업에서 최강자로 군림하던 블록버스터Blockbuster를 없애버렸고, 2010년 캐나다를 시작으로 해외에 진출하여 현재 190여 개국에서 서비스를 제공하고 있다. 2002년 기업공개 당시 1억 5,000만 달러 수준이던 매출은 2007년 12억 500만 달러, 2016년엔 88억 3,000만 달러로 빠르게 늘어났다.

아마존의 성장 스토리 또한 넷플릭스와 유사한 맥락을 보여준다. 1994년 온라인 서점으로 문을 연 아마존은 초반에 넷플릭스와 같이 두드러진 성과를 나타내지 못했다. 느리고 불편한 인터넷 환경, 주문에서 배달까지 기본 1주일 넘게 걸리는 물류 시스템 등이 서비스 성장을 가로막은 것이다.

2000년대 후반 들어 인터넷이 빨라지면서 아마존은 본격적으로 성장하기 시작했고, 불과 몇 년 만에 당시 미국에서 가장 큰 오프라인 서점 체인이었던 보더스Borders와 반스앤노블Barnes&Nobles 등 경쟁자를 완전히 따돌리고 온·오프라인 서점 시장을 독점하기 시작했다. 참고로 보더스는 2011년 파산했고, 반스앤노블은 오랜 시간 고전한 끝에 2019년 헤지펀드 엘리엇Elliott에 매각되었다.

수확 체증 법칙의 메커니즘

넷플릭스와 아마존 모두 각자의 영역에서 1위 자리를 굳건히 지키고 있다. 웹 2.0 시대 이후로 성행한 인터넷 기반 플랫폼 사업은 기존 비즈니스와는 다른 문법을 갖는다. 플랫폼 사업은 '수확 체증 법칙'에 기반한다. 수확 체증 법칙이란 사업의 규모와 영향력에 있어 어느 정도 임계점을 넘은 플랫폼은 계속 유리한 고지를 점하고, 후발주자는 점점 더 뒤처지는 현상을 말한다.

현재 구글은 검색 엔진, 페이스북은 SNS, 유튜브는 동영상 스트리밍, 우버는 차량 공유의 대표 서비스이다. 이들 비즈니스가 승자독식Winner-take-all 구조를 가져갈 수 있는 이유는 수확 체증 법칙의 기본 요건인 '네트워크 효과'와 '규모의 경제'라는 메커니즘을 잘 알고 이를 달성하기 위한 효율적인 전략을 펼쳤기 때문이다.

네트워크 효과

네트워크 효과란, 특정 상품에 대한 어떤 사람의 수요가 다른 사람의 수요에 따라 영향을 받는 효과를 일컫는다. 이는 어떤 상품에 대한 수요가 어느 정도 형성되면 이것이 다른 사람들의 상품 선택에 큰 영향을 미치는 현상이다. 사용자가 몰리면 몰릴수록 사용자가 더 늘어나는 것인데, 미국의 경제학자 하비 라이벤스타인이 소개한 개념이다. 특정 제품을 사용하는 소비자가 많아질수록 해당 상품의 가치가 더욱 높아지는 현상인 네트워크 외부성Network Externality과도 통하는 개념이다.

네트워크 효과에서는 제품이나 서비스 자체 품질보다는 얼마나 많은 사람이 사용하고 있느냐가 더 중요시된다. 누군가의 특정 상품에 대한 수요가 주위 사람들에게 영향을 미치게 되고, 이 때문에 그 상품을 선택하는 사람들이 증가하는 현상을 설명한 것이기 때문이다.

제품이 네트워크 효과를 얻게 되면 판매 규모가 커질수록 생산 비용이 줄어들게 된다. 왜냐하면 많은 사람이 사용할수록 규모의 경제에 의해 생산비가 낮아지고, 네트워크 효과 덕에 사용자 수는 더 증가하기 때문이다.

네트워크 효과는 선순환 구조를 만들어낸다는 점이 특징이다. 다수의 소비자가 구입한 재화는 가치가 상승하여 다른 사람들에게도 효용이 높은 재화로 인식되기 때문에 구매를 유인하는 효과가 발생하고, 이에 따라 소비자 수는 계속 증가하게 된다.

네트워크 효과의 또 다른 특징은 기술 발전이 네트워크 효과를 발생시킨다는 점이다. 기술이 발전할수록 생산비용이 절감되어 재화의 시장가격을 인하하는 효과를 가져올 수 있다. 전보다 가격은 싸지만 기술이 발전함으로써 성능이 향상된 재화는 소비자를 시장으로 끌어들이고, 재화의 유용성도 높여 네트워크 효과를 발생시키는 것이다.

제품과 서비스를 이용하는 사람이 많을수록 사용가치는 더욱 높아지지만 동일 종류를 소비하는 사용자가 많아지면 도리어 사용가치가 저하될 수 있다. 개인이 필요로 하는 소비에 부하 Load를 증대시키기 때문이다. 즉, 개인의 소비에 부하를 증대시키는 다른 사용자보다는 개인 소비의 부하를 줄여주는 다른 사용자가 많을수록 네트워크 효과는 증대된다.

규모의 경제

규모의 경제 또한 수확 체증과 승자독식을 발생시키는 메커니즘 중 하나이다. 규모의 경제는 생산요소 투입량의 증대에 따른 생산비 절약과 수익성 향상을 의미한다.

플랫폼 비즈니스가 일정 크기 이상 규모의 경제를 달성하면 제품 원가는 '0'에 가까워진다. 페이스북에 유저가 한 명 추가된다고 해도 비용은 늘지 않는 것과 같은 맥락이다. 마찬가지로 우버도 등록 차량이 한 대 늘어난다고 해서 비용이 늘지 않고, 에어비앤비도 호스트의 룸이 하나 더 등록된다고 해서 원가가 높아지지 않는다. 결국 특정 플랫폼이 경쟁사와 현격한 수준으로 차이 나는 규모의 경제를 달성하면, 해당 플랫폼은 더 나은 비용 구조를 가져갈 수 있다는 것이 핵심이다.

이미 규모의 경제를 달성한 플랫폼은 서비스 이용 가격을 더 낮추거나 프로모션 이벤트를 파격적으로 제공하는 등 유저에게 다양한 혜택을 제공하여 자사 서비스에 록인Lock-in 시킬 수 있고, 이로 인해 유저가 늘면 또다시 네트워크 효과가 작용하여 경쟁사를 완전히 따돌릴 수 있게 된다. 많은 플랫폼 사업자가 사업 초기에 큰 투자를 감행하여 규모의 경제를 달성하고자 하는 이유, 또한 후발주자가 이미 규모의 경제를 갖춘 선두주자를 따라잡기 힘든 이유도 바로 여기에 있다.

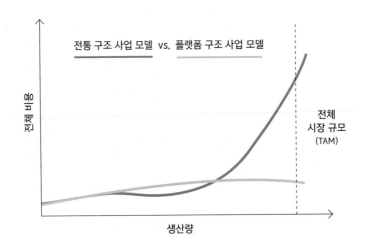

전통 구조 사업 모델 vs. 플랫폼 구조 사업 모델

전체 비용

전체
시장 규모
(TAM)

생산량

성장 방정식의 전환: 규모의 경제 vs. 플랫폼 경제. (출처: APPLICO, 메리츠증권 리서치센터)

실시간으로 추적당하는 사용자

구글·페이스북·넷플릭스·유튜브 등 우리가 매일같이 사용하는 플랫폼 서비스는 우리, 즉 사용자에게 훨씬 다양하고 즐거운 경험을 제공해준다. 그러나 이들 서비스에도 문제점이 있다. 위에 열거한 기업들이 전 세계 모든 사용자의 데이터를 수집하고 금전적 이익을 위해 악용할 수 있다는 점이다. 인터넷상에서 우리가 하는 모든 행동은 거대 플랫폼 기업들에 의해 실시간으로 추적당하고 있다.

친구와 점심을 먹으며 이번 주말에 가기로 한 '차박 캠핑'에 관해 대화를 나눈 후 페이스북 앱을 열어본 적이 있는가? 십중

팔구 캠핑 도구나 차박 캠핑장 광고가 뜨는 상황을 경험했을 것이다. 플랫폼 기업들은 광고를 더 잘 타겟팅Targeting하기 위해 마케팅 회사에 당신의 일상 대화까지 판매하고 있다.

이 얘기를 하려면 약간의 스토리와 파괴적 혁신의 본질에 대해 이해해야 한다. 파괴적 혁신 이론 주창자이자 최고 권위자인 클레이턴 크리스텐센은 이러한 혁신에 대해 '하나의 기능을 제외하고는 다 별로인, 그러나 그 하나의 기능이 굉장히 중요해지는 것'이라고 정의했다.

교과서적인 예시는 퍼스널 컴퓨터PC이다. 최초의 PC는 다른 모든 기계에 비해 열등한 컴퓨터였다. 메모리도 적고, 저장 공간도 적고, CPU도 느리고, 소프트웨어도 적고, 멀티태스킹도 불가능했다. 하지만 그들은 저렴한 가격이라는 한 가지 영역에서 앞서나갔다.

이는 PC를 소유하지 않은 사람들에게는 상당히 중요한 문제였는데도 불구하고 컴퓨터 제조사에서는 오히려 PC를 무시하게 만드는 요소로 작용했다. 그들은 PC가 뒤처지는 모든 부분에 집중했고, PC가 잘하는 한 가지 영역은 무시했다. 대부분의 제조사는 PC가 그저 가격경쟁을 위해 헐값으로 내놓는 저가품이라고 생각했을 정도였으며, IBM처럼 아예 PC 사업을 접거나 다른 기업에 인계하는 곳도 나타났다.

초창기 PC가 그랬듯, 블록체인도 한 분야에서는 월등하지만 다른 모든 분야에서 뒤처지는 열등한 데이터베이스이다. 다른 데이터베이스보다 느리고, 훨씬 더 많은 저장 공간과 연산이 필요하고, 심지어 고객 지원도 없다. 그런데도 블록체인은 다른 것에 비해 한 가지 기능 면에서 혁신적으로 다르다. 바로 어떠한 개인도, 혹은 작은 소수 집단도 블록체인을 컨트롤할 수 없다는 점이다. 잘 전달되지는 않더라도, 사람들은 이를 '탈중앙화'라는 단어로 표현하곤 한다.

블록체인의 탈중앙화가 과거 PC가 저렴했던 한 가지 특성과 비슷한 이유는 어떤 사람들에게는 이것이 아주 중요한 기능이기 때문이다. 대기업이나 정부가 가지고 있는 권력은 대부분 그들이 데이터베이스를 운영하고 컨트롤한다는 사실에서 온다.

페이스북은 누가 그들의 데이터베이스를 읽고 쓸 수 있는지, 누가 어디까지 볼 수 있는지 결정할 수 있다. 오직 페이스북만이 데이터베이스를 수정할 수 있는데, 이것이 페이스북이 가진 권력의 근원이다. 많은 사람들이 이러한 권력은 문제라고 생각하지만, 기존 웹 기술 구조가 어떻게 이러한 중앙화에 기여했는지는 잘 알지 못한다.

데이터베이스가 곧 거대 권력이다

이것을 이해하려면 웹의 초창기로 돌아가서 어떻게 지금의 현상이 나타났는지를 보는 게 도움이 된다. 웹의 아버지라 불리는 팀 버너스 리가 발명한 HTTP는 상태 독립적인 프로토콜이다. 프로토콜 내부에 직접 내장된 메모리가 없다는 뜻이다. 프로토콜에는 데이터베이스라는 개념이 없기 때문에 만약 웹상에서 여러 물건을 담을 수 있는 쇼핑 카트와 같이 간단한 것을 만들고 싶다고 해도 HTTP가 아닌 다른 곳에 데이터 저장장치를 두어야 한다. 넷스케이프를 만든 마크 앤드리슨과 그의 팀은 이 문제를 해결하기 위해서 쿠키Cookies를 발명했다.

쿠키는 HTTP 요청과 함께 보내져 웹 서버에서 읽고 쓸 수 있는 파일이다. 초기에 사람들은 말 그대로 쇼핑 카트에 있는 물건을 쿠키 파일에 직접 입력했다. 그러나 이러한 파일은 클라이언트 컴퓨터에 로컬로 저장되기 때문에 그다지 편리하지 않았다. 예를 들어 회사 컴퓨터에서 쇼핑을 하다가 장바구니에 물건을 담아놓고 집에 왔는데, 집 컴퓨터로 웹 서버에 로그인하면 장바구니가 비어 있는 것이다. 장바구니에 담은 물건 정보가 회사 컴퓨터에만 저장되었기 때문이다. 따라서 요즘은 쿠키에 사용자 ID만 포함하고, 다른 데이터베이스 기능은 서버에 두는 경향이 있다.

대부분의 크고 강력한 인터넷 회사는 데이터베이스 제공자이다. 페이스북은 사람들의 프로필, 그들의 친구 그래프, 상태 업데이트에 대한 데이터베이스이다. 페이팔은 사람들의 계좌잔액에 대한 데이터베이스, 아마존은 SKUStock Keeping Unit라고 불리는 물건 재고·결제 자격·구매 내역에 대한 데이터베이스이다. 구글은 웹페이지와 쿼리Query 히스토리에 대한 데이터베이스이다.

물론 이 모든 회사의 성공 방정식에는 복합적인 요소가 들어 있지만, 그들이 가진 권력의 핵심이 데이터베이스 운영에 있다는 사실에는 변함이 없다. 누가 데이터베이스를 읽고 쓸 수 있는지, 어느 정보까지 접근 가능한지는 오로지 해당 회사만 결정할 수 있다.

만약 웹상에 존재하는 모든 데이터에 접근하는 데 대기업의 허가가 필요하다면, 우리는 대기업이 인터넷 세상에서 일어나는 모든 일을 통제하도록 놔둘 수밖에 없다.

여기에서 중요하게 기억해야 할 것은, 비트코인 백서가 나오기 전까지 우리는 말 그대로 어떻게 '무허가'를 실현할지 아무것도 몰랐다는 점이다. 물론 과거에도 분산된 데이터베이스나 연합 데이터베이스를 만들려는 시도는 있었다. 대표적으로 ACHAutomated Clearinghouse나 VISA 같은 금융 네트워크인데, 이들도 여전히 소규모 단체가 데이터베이스를 가지고 있다는 것에는 변함이 없다.

지금껏 우리는 데이터베이스에 대한 합의 프로토콜을 가지지 못했다. 바로 데이터에 대한 접근·사용 여부, 삭제 결정 권한 등에 대해 사용자끼리 의논하고 합의할 수 있는 프로토콜 말이다.

이것이 얼마나 큰 혁신인지는 계속해서 강조해도 모자란다.

우리는 사실 이걸로 정확히 무엇을 할 수 있을지 잘 모르는 상태에서 최초로 데이터베이스가 탈중앙화된 네트워크, 즉 비트코인을 갖게 되었다. 이것이 모든 문제를 해결할 것이라고 말하는 건 아니다. 당연히 모든 문제를 해결할 수는 없을 것이다. 어쩌면 심지어 그 자체가 새로운 사회적 문제로 발전할 수도 있다. 그러나 지금까지 무허가 데이터가 없었기 때문에 인터넷에서 권력의 집중화가 일어났던 것은 엄연한 사실이다.

웹 3.0이 제대로 개발되고 적절한 규제가 있다면, 권력이 기업들에서 개인과 커뮤니티로 의미 있게 이동할 수 있을 것이다. 웹 3.0과 암호화폐 기술이 널리 사용된다면 과거 PC가 그랬듯 부족한 부분들도 천천히 개선되기 시작할 것이다. 더 빨라지고 더욱 효율적으로 변하며, 사용하기에도 더욱 쉬워지고 안전해질 것이다. PC가 메인프레임이나 미니컴퓨터에서는 일어나지 못했던 혁신을 위한 플랫폼이었던 것처럼, 웹 3.0은 페이스북·아마존·구글에서는 절대 나올 수 없는 혁신을 위한 플랫폼이 될 수 있다.

애플과 구글의 데이터 독점 사례

전 세계 모바일 OS 시장의 99%를 차지하는 애플과 구글은 얼마 전 모바일에서 사용자 데이터가 제3자에게 넘어가는 것을 막는 개인정보 보호 정책을 내놨다. 고객의 개인정보를 보호하는 취지라고 하니 언뜻 괜찮은 정책 같지만 사실상 두 기업의 데이터 독점 권한을 더욱 막강하게 만드는 장치인 셈이다. 당장 사용자 맞춤 광고를 주 수익원으로 운영해온 페이스북 같은 광고 플랫폼 사업자는 타격이 불가피하다.

페이스북은 실제로 애플의 개인정보 정책 발표 직후 회사의 타깃 광고 매출이 50% 급감할 것이라면서 반발하기도 했다. 데이비드 워너 페이스북 최고재무책임자CFO는 "신종 코로나바이러스감염증-19 확산에 따른 경제적 어려움이 가중되는 가운데, 페이스북 타깃 광고에 의존하는 중소기업들에는 이런 애플의 정책 변경이 수익원을 원천 봉쇄하며 회복을 저해하는 요인이 될 것."이라고 주장했다.

물론 고객의 데이터 보호를 위한 불가피한 조치라는 의견도 있지만 개인정보 보호를 이유로 애플이나 구글을 통하지 않으면 마케팅을 하지 못하도록 하는 조치인 만큼, 이는 근본적으로 자사의 시장 지배력을 강화하기 위한 것이라고 볼 수 있다. 참고로 한국인터넷진흥원의 최근 보고서에 따르면, 스마트폰 대중화에 따라 모바일 광고 시장은 타깃 광고를 기반으로 약 90조원800억 달러 규모로 성장했다.

애플과 구글이 개인정보 보호를 빌미로 타깃 광고 분야의 경쟁사를 단번에 제거하고 독점 체제를 구축한다면, 과연 이것이 인터넷 사용자에게 이득이 되는 정책인지는 생각해봐야한다. 사용자가 디지털 생활을 스스로 통제하고 자기 결정을 하는 것이 중요하다면 두 회사의 독점을 강화하는 개인정보 보호보다는 오히려 경쟁 환경이 필요한 것은 아닐까?

개인정보 문제는 지금 우리가 몸담고 있는 웹 2.0 시대의 종말을 가져올 방아쇠가 될 수 있다. 웹 1.0이 단순히 보여주는 수단에 그쳤다면, 웹 2.0은 양방향 소통이 가능한 소셜미디어·전자상거래 등 혁신 서비스를 만들어 세계를 연결했다. 데이터는 권력이 됐다. 플랫폼 기업들은 사용자 기록을 기반으로 맞춤형 광고를 내보내고 이들의 정보를 중앙화된 서버에 모았다. 사람들의 행동까지 조종할 수 있는 '지식'을 알고리즘을 통해 대규모로 축적한 셈이다.

『21세기 권력』의 저자 제임스 볼은 "인류를 위한 최우선 과제는 인터넷을 누가 소유하고 어떻게 작동하는지 실체를 파악해 이를 바로잡는 일."이라고 강조했다. 빅테크가 데이터 통제권을 지니게 되면서 개인정보 침해·시장 독점·정보 손실 가능성 등 문제가 늘어나자 대안으로 웹 3.0을 모색했다. 웹 3.0은 소수가 데이터를 독점하는 형태가 아니라 개개인이 직접 데이터를 소유하고 블록체인 기술을 통해 연결하는 것이 특징이다.

이렇듯 웹 3.0은 소수 기업에게 집중되는 데이터 독점 문제를 탈중앙화를 통해 해결하려는 시도라고 보면 된다. 예를 들어 사용하는 플랫폼마다 아이디와 비밀번호를 만들어 기업에 넘기는 대신, 인터넷 ID라는 공용 인터넷 신분증 같은 것을 만들어 모든 웹사이트에 로그인하는 것이다. 이게 실현되면 마치 집 안 모든 가전제품을 리모컨 하나로 켜고 끌 수 있는 것처럼 우리의 인터넷 생활도 더 편리해질 것이다.

Chapter4

—

블록체인
표준 프로토콜 후보

웹 3.0이 제대로 작동하는 데 필요한 가장 중요한 요소는 합의된 하나의 프로토콜이다. 마치 웹 1.0이 TCP/IP 프로토콜이라는 업계 표준이 만들어진 후 개인과 기업의 참여가 활발해지고 인터넷 생태계가 넓어진 것처럼, 웹 3.0도 참여자가 비약적으로 증가하고 기술이 발전하려면 합의된 프로토콜이 필요하다.

웹 3.0의 존재 이유가 웹 2.0에서 플랫폼 기업들에 과도하게 집중된 데이터 주권을 다시 사용자에게 돌려주는 것이고, 그 주인공이 블록체인 기술이라면 웹 3.0 생태계의 발전을 위해 과연 어떤 블록체인 네트워크가 이 세계의 표준 프로토콜인지가 가장 먼저 결정되어야 한다.

여기에서 조심해야 할 점은 블록체인 자체가 인터넷의 탈중앙화를 가능케 하는 기술이라는 오해이다. 사실 블록체인은 탈중앙화된 의사결정 구조를 지닌 네트워크를 구성하는 하나의 도구일 뿐, 그 자체는 그저 거래내역을 기록하는 원장이다. 따라서 정부 부처 중 과학기술정보통신부나 중소벤처기업부에서 자주 내거는 '4차 산업인 블록체인 기술을 육성해야 한다'는 구호는 반은 맞고 반은 틀린 말이다. 정말로 우리가 외쳐야 할 구호는 '4차 산업의 대세로 자리 잡을 탈중앙화 인터넷 기술또는 웹 3.0을 육성해야 한다'이다.

또 한 가지 주의할 점은, 웹 3.0 세계를 구축하는 데 있어 암호화폐가 필수조건이라는 사실이다. 우리나라 정치권에서는 블록체인 기술과 암호화폐를 서로 상관없는 별개의 존재로 생각하려는 경향이 있는데 이는 잘못된 접근이다.

앞서 말했듯이 블록체인은 단순히 거래정보를 기록한 원장에 불과하다. 그보다 중요한 건 이 원장에 적힌 거래정보를 정부' 등 중앙기관의 보증 없이도 믿을 수 있는지, 누구도 절대 위변조할 수 없는지, 도둑맞거나 탈취당하지 않을 수 있는지에 대한 신뢰를 확보하는 것이다. 바로 이를 위해서 암호화폐가 꼭 필요하다.

2018년 1월 18일, <JTBC 뉴스룸>에서 '긴급토론–가상통화

신세계인가 신기루인가'라는 토론회를 열었다. 참여정부 때 보건복지부 장관을 지낸 유시민 작가가 나와 당시 암호화폐에 대한 정부의 입장을 옹호했다.

"그래서 저는 이걸 어떻게 비유하냐 하면, 블록체인 기술은 '건축술', 비트코인은 '집'이에요. 근데 그 집을 처음에는 마을회관 하라고 지었는데, 지어놓고 보니 도박장이 돼 있는 거예요. 그래서 이 도박장을 규제하려고 하니까 그쪽에서 '건축'을 탄압하지 말라고 얘기하는 거예요, 지금."

말하자면 비트코인은 블록체인 기술을 이용해 지은 일개 건축물일 뿐인데, 지금 거기서 투기 과열 같은 문제가 많이 발생하니 철거해버리고 다른 건물을 짓자는 것이다. 이 논리는 애초에 블록체인과 비트코인의 관계에 대한 이해부터 틀렸다. 만약 블록체인을 '건축 기술'에 비유할 거라면, 비트코인은 그 건축 기술을 사용해 건물을 짓는 인부와 중장비가 어떤 건설사나 시공사에 고용되지 않고도 스스로 일할 수 있게 만드는 '인센티브'에 비유해야 맞다.

인터넷이 1960~1970년대 미국 국방부의 아르파넷 프로젝트에서부터 시작되어 수십 년에 걸쳐 발전해온 것처럼, 암호화폐도 1980년대부터 '가상화폐Virtual currency' 또는 '전자화폐 Electronic cash'라는 이름으로 발전해왔다. 흔히 비트코인을 최초의 암호화폐라고 알고 있지만 이는 사실이 아니다. 오히려 비트코인은 암호학자들과 암호 기술을 이용해 기존의 중앙집권화된 국가와 기업 구조에 저항하려는 사회운동가 집단 사이퍼펑크*가 1980년대부터 40년 가까이 연구해온 탈중앙 네트워크 기술의 완결판에 가깝다.

비트코인 전에도 암호화폐가 있었다

세계 최초의 상업적 암호화폐는 미국의 암호학자 데이비드 차움이 1989년 설립한 디지캐시DigiCash에서 발행한 이캐시Ecash이다. 그는 1981년에 암호학자들 사이에서 지금도 유명한 '추적할 수 없는 전자 메일, 발신인 주소, 디지털 가명Untraceable

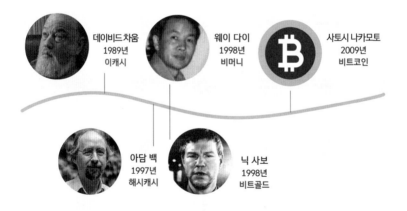

가상화폐의 역사.

◆ Cypherpunk, 더 나은 세계를 건설하려는 사회적·정치적 변화의 수단으로서 강력한 암호화 및 개인정보 보호 강화 기술 사용을 권장하는 개인 또는 집단.

Electronic Mail, Return Addresses, and Digital Pseudonyms'이라는 제목의 논문을 발표한 암호학 전문가이다.

1994년 디지캐시는 이캐시를 사용한 첫 전자 결제에 성공했고, 1995년에는 미국의 소규모 은행과 파트너십을 맺고 본격적으로 이캐시 디지털 화폐를 운영하기 시작했다. 하지만 이캐시는 인터넷 전자상거래가 조금씩 활성화됐음에도 불구하고, 프라이버시 보호보다는 더 편리하고 보편화된 신용카드를 선호하는 소비자에게 외면받으며 대중화에 실패했다. 결국 디지캐시는 1998년 파산을 선언했고, 이캐시 테크놀로지스eCash Technologies Inc.에 자산을 매각했다. 디지캐시가 이캐시 결제를 지원한 3년 동안 소비자 약 5,000명이 이캐시를 사용한 것으로 알려졌다.

이캐시는 전 세계에 은닉 서명Blind Signatures의 개념을 처음으로 소개한 암호화폐로 유명하다. 은닉 서명은 메시지 내용을 감추고 참여자의 유효성을 증명하기 위해 공개 또는 개인 패스워드를 활용하는 개념이다. 이는 오늘날 암호화폐 거래소나 개인 지갑의 주소를 말하는 퍼블릭 키Public Key, 공개 키 형태로 발전되어 널리 사용되고 있다.

디지캐시가 설립되고 10년이 지난 후, 웨이 다이라는 개발자가 '비머니, 익명의, 분산된 전자 캐시 시스템B-Money Anonymous, Distributed Electronic Cash System'이라는 논문을 발표하여 암호학 커뮤니티에 또다시 파장을 일으켰다. 비머니는 비공개 전송 기능 Private Sending Capabilities과 자동실행 계약Auto-Enforceable Contracts을 이용한 탈중앙화 네트워크를 적용한 것이다.

비록 기술적인 완성도 면에서 블록체인에 크게 못 미쳤고 사람들의 충분한 관심을 얻는 데도 실패했지만, 탈중앙화 네트워크를 도입했다는 콘셉트만은 미래의 암호화폐 시장에 엄청난 영향을 끼쳤다.

오랫동안 암호화폐 지지자였던 닉 사보는 1998년 비트골드Bit Gold 프로토콜을 통해 오늘날 비트코인이 사용하는 PoW작업증명 시스템을 최초로 도입했다. 비트골드는 실제로 시장에 나오진 않았다. 하지만 참가자들이 컴퓨팅 파워로 해시* 문제를 풀어 비트골드를 얻게 되는 구조, 시간이 지나면서 채굴 난이도가 증가하는 부분 등 기술적 메커니즘 면에서 훗날 비트코인 아키텍처설계방식에 상당한 영향을 준 것으로 알려졌다.

아직까지도 많은 사람이 닉 사보가 나카모토 사토시일 거라고 의심하지만 그는 공개적으로 자신이 사토시가 아니라고 여러 차례 밝혔다.

해시캐시Hashcash는 1997년 아담 백이 스팸메일과 서비스 거부DoS 공격을 제한하기 위해 사용한 PoW 시스템이다. 해시캐

❖   Hash, 하나의 문자열을 이를 상징하는 더 짧은 길이의 값이나 키로 변환하는 것.

시에서 사용된 PoW 시스템은 이듬해인 1998년 웨이 다이가 고안한 비머니에서 새로운 블록 생성 방식으로 채택되었다. 이후 2008년 나카모토 사토시는 비트코인 백서를 통해 자신이 해시캐시의 PoW 방식을 채택해 채굴 알고리즘을 만들었음을 밝혔고, 2009년 1월 첫 번째 비트코인 채굴이 실제 이 방식대로 진행되어 지금까지 이어지고 있다.

돈의 인터넷, 비트코인

인터넷이 처음 등장한 1990년대만 해도 그것이 향후 인류사에 어떤 영향을 미칠지 아는 사람은 극히 드물었다. 인터넷이 제공하는 가치를 제대로 이해하지 못했기 때문이다. 인터넷은 그 자체로는 별 가치를 생산해내지 못했지만, 나중에 아마존이나 구글 같은 위대한 기업이 탄생할 수 있는 기초적인 인프라와 기본 레이어를 제공했다.

땅 위에 건물을 짓고 층을 올리려면 일단 믿을 수 있는 안정성과 누구나 쉽게 이용할 수 있는 범용성이 있어야 한다. 인터넷은 이 점에서 우수한 인프라를 제공했기에 널리 이용될 수 있었다. 만약 인터넷에서 보내는 이메일이 우편으로 보내는 편지처럼 수시로 유실되거나 반송되었다면 누가 이메일을 사용했을까? 혹은 인터넷에 사용된 컴퓨터 언어가 외계인만 이해할 수 있는 고차원적인 언어였다면 누가 그 위에 건물을 지으려고 시도했을까?

그동안 비트코인의 별명은 '돈의 인터넷'이었다. 비트코인 백서에도 나와 있듯이 원래 비트코인은 P2P 전자화폐가 될 목적으로 만들어졌고, 지금도 수요의 대부분이 점점 구매력을 잃는 신용화폐를 대신할 가치 저장 수단이자 전자화폐로서 발생하고 있다. 여기에서 주목할 점은 비트코인 생태계의 발전 방향이 인터넷의 그것과 매우 유사하다는 것이다.

지금 우리가 매일 쓰고 있는 인터넷은 최소 4단계, 많게는 7단계 레이어로 이루어진 구조물이다. TCP/IP 프로토콜이 안정적인 네트워크와 데이터 전송 레이어를, HTTP나 SMTP*가 애플리케이션 레이어를 담당하고 있어 이를 토대로 구글·아마존·페이스북과 같은 서비스가 만들어졌고, 전 세계를 연결하는 정보의 바다가 구축되었다.

비트코인이 발전하는 방식도 이와 굉장히 비슷하다. 비트코인은 이더리움이나 기타 알트코인에 비해 블록 하나를 생성하는 데 시간이 더 걸리고 블록 저장 용량도 작아 확장성에 제한이 많다. 그러나 그런 대신에 가장 강력한 탈중앙성, 무신뢰성, 영원 불변성을 제공한다. 뒤에서 자세히 다루겠지만 비트코인이 지닌 이러한 특성은 전 세계의 뛰어난 기업과 개인들을 매료

◆ Simple Mail Transfer Protocol, 인터넷상에서 전자메일을 전송할 때 쓰이는 표준 통신규약.

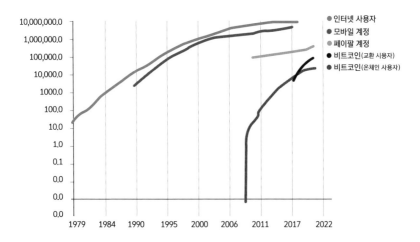

인터넷 사용자 수의 증가와 비트코인 사용자 수의 비교. (출처: https://coinshares.com/
research/institutional-crypto-adoption-three-factors-watch)

시키고 있고 확장성과 속도 문제를 해결할 레이어2와 레이어3
도 이미 생겨나고 있다.

　비트코인 인플루언서 윌리 우의 트윗에 따르면, 2021년 1월
기준 비트코인 사용자 수는 1997년의 인터넷 사용자 수와 같다.
하지만 증가 속도는 훨씬 빠른데 향후 4년 안에 비트코인 사용
자 수가 10억 명에 달할 것으로 예상되며, 이는 2005년의 인터
넷 사용자 수와 같다. 즉, 비트코인의 성장 속도가 인터넷보다
약 2배 빠른 셈이다.

　1973년, 빈튼 서프와 밥 칸이 TCP/IP를 정립한 이후로 1990년
대 말 인터넷이 본격적으로 실생활에 쓰일 때까지 약 25년이 걸

렸다. 만약 윌리 우의 주장대로 비트코인의 성장 속도가 인터넷보다 2배 빠르다면, 올해로 태어난 지 만 14년 된 비트코인은 지금 1990년대 말의 인터넷과 비슷한 위치라고 할 수 있다.

문제는 지금부터이다. 어쩌면 비트코인은 지난 20년간 무섭게 성장해온 인터넷 산업보다 더욱 빠르게 우리 실생활에 침투해 들어올 수 있다. 미리 공부하고 대비하지 않는다면 닷컴버블 이후 20년 만에 찾아온 기회를 놓칠 수도 있다는 말이다. 누군가의 말처럼 오직 준비하는 자만 미래를 얻을 수 있다.

화폐로서의 비트코인

돈은 인류를 물물교환 시대에서 벗어나게 만들어준 도구이다. 지난 모든 역사를 통틀어 인간은 언제나 화폐로서 최고의 가치를 지니는 물건을 찾으려고 노력해왔다. 화폐는 다른 물건과의 교환 가능성에 따라 가치가 매겨지는 물건이기 때문에 실생활에서 사용할 수 있는 물건인지 여부가 중요한 것은 아니다. 그래서 그동안 정말 수많은 물건이 돈으로 사용돼왔다. 조개껍데기, 구슬, 돌멩이, 동물의 털, '왐펌Wampum'이라고 불리는 북미 원주민들이 몸에 차는 장신구 등이다.

그렇다면 질문이 하나 생긴다. 화폐로 받아들여지는 물건과 아닌 물건의 차이는 무엇일까? 왜 어떤 것은 돈으로 사용되고 어떤 것은 사용되지 않을까? 경제학자들과 역사학자들은 '좋은 화폐의 속성'을 얼마나 지니고 있느냐가 이 차이를 만든다고 설명한다. 화폐의 속성을 많이 보유한 물건일수록 사람들이 널리 사용하는 화폐로 받아들여질 가능성이 크다는 것이다.

비트코인은 좋은 화폐가 될 수 있는 요소를 많이 보유하고 있다. 금이 지닌 희소성과 내구성을 두루 갖추었으면서도 지폐처럼 쉽게 사용할 수 있고, 저장할 수 있고, 다른 곳으로 운반하기도 쉽다. 또한 다른 화폐와 마찬가지로 비트코인은 기업이 아니기 때문에 배당이 나오거나 현금 흐름이 창출되지 않는다. 그러면 비트코인은 전통적으로 좋은 화폐로 받아들여지던 다른 재화에 비해 얼마나 더 좋은 요건을 갖추고 있을까?

변치 않는 희소성

비트코인의 가장 큰 특징 중 하나는 희소성이다. 비트코인의 연간 인플레이션율새로 채굴되어 세상에 나오는 비트코인으로 인해 전체 비트코인 수량이 늘어나는 비율은 1.8%이며, 금과 거의 비슷한 수준이다. 그런데 비트코인은 여기에 전체 발행량이 유한하다는 추가적인 특성까지 지녔다. 물론 금도 지구라는 공간이 유한하기 때문에 무한대로 채굴되지는 않겠지만 지구 밖에서 발견될 가능성을 배제한다면 아직까지는 땅속에서 계속 채굴되고 있으므로 언제 추가 발행이 완전히 멈추게 될지는 아무도 모른다.

반면에 비트코인은 오직 2,100만 개만 존재할 수 있다. 과연 정말 2,100만 개만 발행되고 더는 발행되지 않을지 의심이 들기도 할 테지만, 이 정책에 대한 비트코인의 코드는 14년 전에 세상에 공개된 후 한 번도 바뀐 적이 없다. 그리고 앞으로도 갑자기 바뀔 가능성은 거의 제로에 가깝다. 비트코인의 코드는 다른 어떤 암호화폐보다도 가장 신뢰할 만하다.

그렇다면 비트코인의 발행량은 어떻게 2,100만 개로 제한되는 것일까? 바로 비트코인만의 중요한 특성 두 가지에서 비롯된다. 이는 비단 공급량 제한뿐만 아니라 비트코인이 다른 모든 암호화폐와 차별화되는 이유를 이해하는 데도 중요하다.

첫째, 비트코인의 탈중앙성이다. 어떠한 개인도, 기업도, 정부 기관도 비트코인 네트워크에 대한 통제 권한을 갖고 있지 않다. 오직 오픈소스 코드로만 구동되는 완전히 탈중앙화된 네트워크에서 참여자들은 반드시 코드의 룰을 따라야 한다. 코드가 일종의 헌법과 같은 기능을 하는 것이다. 2,100만 개라는 공급량 제한은 최초의 비트코인 소스코드에 적혀 있었고 지금까지도 변함없이 네트워크를 지배하는 주요 규칙이다.

그렇다면 이 코드를 변경하는 것은 영원히 불가능할까? 물론 그런 것은 아니다. 필요에 따라 언제든 코드를 수정할 수 있다. 다만 비트코인 네트워크에서 코드를 변경하는 유일한 방법은 '노드'라고 불리는 네트워크 참여자들 간의 합의뿐이다.

그러나 이런 합의는 사실상 불가능하다고 보면 된다. 왜냐하면 일단 비트코인 네트워크에 참여하고 있는 노드의 수가 너무 많고 지리적으로 광범위하게 분포되어 있기 때문에 노드들 간에 완전한 합의를 이루는 것이 너무 어렵다. 특정 노드들끼리 모여 이익집단을 구성하여 네트워크 영향력을 키우거나 더 많은 투표권을 가져가는 것이 원천적으로 방지되는 것이다.

그리고 현재 네트워크 참여자 입장에서도 비트코인 최대 공급량이 현재 수준으로 유지되는 것이 유리하다. 비트코인 최대 공급량이 늘어난다는 것은 시중에 유통되는 비트코인의 총 개수가 증가하는 것을 의미하고, 이는 곧 현재 비트코인 홀더가 보유하고 있는 비트코인 가치가 희석되는 것이나 마찬가지이기 때문이다. 채굴자의 경우에도 미래에 벌어들일 비트코인 수익의 가치가 깎이는 것이므로 역시 동의할 리 없다. 네트워크 참여자 모두가 합심하여 공급량 제한을 바꾸지 않는 방향으로 의사결정을 내리게 되는 '게임 이론'이 작동하는 것이다.

둘째, 검열 저항성이다. 어떤 개인도, 기업도, 정부기관도 비트코인 네트워크를 점유하거나 통제하지 못하기 때문에 특정 세력의 입맛에 따라 네트워크 운영 방침이 변하는 일이 없다. 또 비트코인 노드를 운영하는 참여자가 특정 국가나 지역에 국한되어 있지 않고 전 세계적으로 분산되어 있어, 특정 국가의 정부가 마음먹고 네트워크를 지배하려고 해도 사실상 불가능에 가깝다.

비트코인이 앞으로 더 많은 사람에게 가치 있는 화폐 또는 통화로 받아들여질 수 있는 이유에 대한 단계별 논리는 다음과 같다.

1. 화폐는 설령 실생활에 쓸모가 없거나 소비 가치가 없는 물건이어도 그것이 자연적으로 지닌 독자적인 특성 때문에 가치가 생성된다. 비트코인 네트워크는 중간자 없는 돈의 송금과 결제라는 기능만으로도 상당히 쓸모 있지만, 꼭 그 기능이 없다고 해도 사람들은 비트코인 자체에 높은 가치를 부여한다.

2. 투자자들이 비트코인에 높은 가치를 부여하는 주된 이유 중 하나는 바로 희소성이다. 비트코인은 미리 계획된 공급 스케줄과 제한된 공급량 덕분에 가치 저장 수단으로 기능할 수 있다.

3. 비트코인의 희소성은 탈중앙성과 검열 저항성이라는 특성에 따라 뒷받침된다.

4. 이 특성들은 비트코인에 하드코딩*되어 있으며 비트코인 네트워크 참여자와 비트코인 보유자가 자신들의 자산 가

◆   Hard coding, 데이터를 코드 내부에 직접 입력하는 방법. 개발자가 로직이 절대로 변경되지 않을 것이라고 자신하는 부분에 사용한다. 다만 그만큼 프로그램을 유연하게 운영하기 어렵다는 단점이 있다.

치를 깎아먹으면서까지 손을 댈 이유가 없기 때문에 결코 변하지 않을 것이다. 오히려 비트코인 네트워크 참여자라면 희소성과 불변성이라는 특성을 최대한 지키려고 할 확률이 높다.

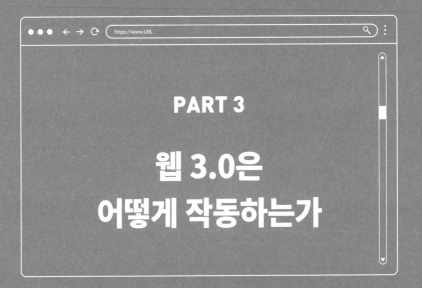

PART 3

웹 3.0은
어떻게 작동하는가

Chapter 1

—

강력한 돈의
네트워크 효과

아마 암호화폐 투자자들은 대부분 비트코인이 좋은 화폐가 될 우수한 요건을 많이 갖추고 있다는 점에는 동의할 것이다. 그러나 1만 6,000종이 넘는 암호화폐 중 결국 단 하나만 살아남게 될 거라는 말에는 얼마나 동의할까?

물론 이 부분에 많은 이견이 존재할 것이다. 사실 나 역시 앞으로 수많은 암호화폐 중 오직 비트코인만 살아남을 것이라는 주장에 큰 자신은 없다. 세상은 언제나 내가 전혀 예상치 못한 일들을 던지며 당혹감을 주니 말이다. 그러나 비트코인이 암호화폐 산업에서 갈수록 지배적인 위치에 오르리라는 것은 매우 확신한다. 바로 네트워크 효과의 강력함 때문이다.

　앞서 웹 2.0의 플랫폼 사업모델이 경쟁자들을 따돌리고 독과점 구조로 갈 수밖에 없는 이유를 설명하면서 네트워크 효과를 소개했었다. 다시 한번 간단히 설명하면 특정 서비스의 사용자가 많아질수록 해당 서비스가 지니는 네트워크의 가치가 기하급수적으로 높아져 더 많은 사람이 서비스를 이용하게 되는 현상을 말한다.

　돈의 네트워크도 크게 다르지 않다. 당연한 얘기겠지만 사람들은 무슨 SNS를 쓸지에 대한 고민보다는 어떤 은행을 쓸지, 어떤 신용카드를 쓸지, 어떤 주식에 투자할지와 같이 내가 내린 결정 때문에 재산이 늘거나 줄 수 있는 사안에 훨씬 더 신중하다. 같은 개념으로 '좋은 돈'을 선택하려는 욕구도 클 수밖에 없다.

　만약 투자자들이 가치 저장 역할을 하는 화폐 상품으로서 암호화폐를 찾고 있다면 그들은 자연스럽게 가장 크고, 가장 안전하고, 가장 분산적이며, 가장 많은 유동성 네트워크를 지닌 상품을 선택할 것이다.

　비트코인은 사상 최초로 발명된 진정으로 희귀한 암호화폐로 퍼스트무버First mover, 선도자 이점을 받았으며, 시간의 흐름 속에서도 이러한 이점을 유지해왔다. 참고로 비트코인의 지배력, 즉 시가총액이 전체 암호화폐 생태계에서 차지하는 비중은 100%

에서 절반 이하로 감소했는데, 이는 비트코인의 규모가 축소되어서가 아니라 나머지 생태계가 성장했기 때문이다.

비트코인 도미넌스에 대한 오해

요즘 비트코인 도미넌스 지수Bitcoin dominance index가 점점 떨어지는 것에 대해서 말이 많다. 비트코인 도미넌스는 암호화폐 시장에서 비트코인의 시장 지배력을 나타내는 수치이다. 쉽게 말해 비트코인의 시가총액과 나머지 모든 알트코인의 시가총액을 비교하는 것이다.

주식시장을 떠올려보면 쉽다. 우리나라 코스피에서 삼성전자의 시가총액이 차지하는 비중은 현재 약 18%를 왔다 갔다 한다. 이 비중이 떨어졌다는 것은 그만큼의 자본이 다른 곳으로 옮겨간 것을 의미한다. 실제로 지난 1년간 삼성전자 주가가 8만 원 벽을 시원하게 뚫지 못하고 비실댄 이유는 투자자들이 삼성전자에서 돈을 빼서 코스닥 블루칩 중소형주나 해외주식에 더 많이 투자했기 때문이다.

최근 비트코인 도미넌스가 하락하는 것을 두고 그동안 비트코인에 치중되었던 암호화폐 투자자들의 관심이 다른 알트코인들로 옮겨가고 있다고 해석하는 투자자들이 많은 듯하다. 실제 비트코인의 도미넌스 지수는 1년 전만 해도 70%에 육박하다가 2022년 4월 30일 기준 42.13%까지 내려왔는데, 이는 2018년

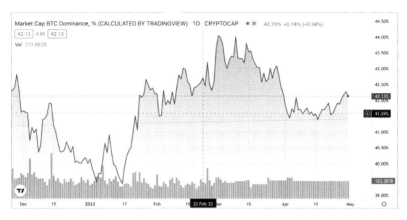

비트코인 도미넌스 지수 추이. (출처: 트레이딩뷰)

이후 4년여 만에 최저치이다.

하지만 단순히 비트코인의 시가총액 비율이 하락했다고 해서 비트코인의 시장 지배력이 감소했다고 해석할 수는 없다. 암호화폐 시장은 주식시장과는 근본적으로 다른 특성이 있기 때문이다. 이제 그 이유를 알아보자.

스테이블 코인까지 포함해야 할까

암호화폐 정보업체 코인마켓캡CoinMarketCap 기준 시가총액 상위 10개 코인의 리스트를 살펴보면, 4위와 6위에 각각 테더USDT: USD Tether와 유에스디코인USDC: USD Coin이 자리하고 있다. 이들은 달러 기반 스테이블 코인*으로서 사실상 탈중앙 암호화폐라고 보기 어렵다. 코인 형태로 발행되었을 뿐 그저 각 운영사가 은행 계좌에 달러를 보유하고 있는 만큼 발행된 일종의 달러 파생상품인 셈이다.

사실상 달러나 마찬가지인 이들을 굳이 비트코인 도미넌스 계산에 포함해야 하는지 의문이다. 차라리 스테이블 코인들의 시가총액을 광의통화M2에 포함하여 비트코인 시가총액과 비교하는 것이 더 의미 있다고 생각된다. 달러의 글로벌 기축통화의 지위를 비트코인또는 다른 레이어1 코인이 얼마나 뺏어오고 있는지 알 수 있으니 말이다.

암호화폐 시장에서 달러 기반 스테이블 코인의 역할은 주로 거래소나 디파이에서 트레이딩을 하려는 목적으로 사용될 뿐, 블록체인 생태계가 발전하거나 암호화폐를 활용한 탈중앙식 경제가 커나가는 것과는 직접적인 연관이 없다. 따라서 비트코인의 시가총액과 나머지 코인들의 시가총액 합산을 비교할 때 이들 스테이블 코인은 제외하는 것이 정확하다.

1만 6,903종류의 암호화폐

내가 처음 암호화폐 산업에 발을 들인 2018년만 하더라도 전

---

* Stable coin, 달러나 유로와 같은 자산과 연동되어 있는 암호화폐로서 기존 암호화폐와 다르게 가격 안정성을 유지하는 특성을 지닌다.

세계에 존재하는 암호화폐는 약 2,000 종류였다. 그 수가 지난 4년 동안 무섭게 늘어 지금은 코인마켓캡 기준으로만 1만 6,903개가 존재한다. 대략 신규 코인이 연간 4,225개 생겨난 것이다. 이론상 코인을 발행하는 건 누구나 마음만 먹으면 할 수 있으므로 통계에 포함되지 않은 코인까지 포함하면 사실상 훨씬 더 많을 것이다.

코스피는 아무리 많아야 한 해에 20종목 정도만 신규로 상장된다. 2021년에만 역대 최대 공모금액을 모았다는 중소형 바이오/기술주 중심 코스닥도 겨우 115개 회사가 신규로 상장되었을 뿐이다. 1년에 수천 개 신규 코인이 등장하여 시가총액에 합산되는 암호화폐 시장의 특성을 고려하면 비트코인 시가총액과 나머지 모든 알트코인의 시가총액을 비교하는 것이 그다지 큰 의미가 없음을 알 수 있다. 암호화폐에 대한 세간의 관심이 높아질수록 후자 쪽이 기하급수적으로 늘어나기 때문이다.

그렇다면 시가총액 상위 10개 암호화폐로 범위를 줄여서 비트코인 대 나머지 9개 암호화폐를 비교하는 것은 어떨까? 조금 더 의미 있는 시도이긴 하지만 여전히 문제가 있다. 다음 페이지에 나오는 2020년 1월 기준 시가총액 상위 10위 코인 리스트를 보자. 불과 2년 전이지만 지금 10대 코인 리스트에서는 찾아볼 수 없는 코인이 많이 보인다.

이렇듯 이더리움 정도를 제외한 나머지 3~10위 코인은 수시

Rank	Name	Symbol	Market Cap	Price	Circulating Supply	Volume (24h)	% 1h	% 24h	% 7d
1	Bitcoin	BTC	$134,469,548,249.08	$7,411.32	18,143,812 BTC	$19,725,074,094.54	-0.06%	-0.14%	-0.25%
2	Ethereum	ETH	$14,875,569,429.66	$136.28	109,157,039 ETH	$7,526,675,353.24	0.13%	0.65%	0.92%
3	XRP	XRP	$8,474,172,239.53	$0.1955	43,337,903,409 XRP *	$1,168,067,556.97	-0.18%	0.51%	-0.69%
4	Tether	USDT	$4,133,500,727.77	$1.01	4,108,044,456 USDT *	$24,090,142,145.91	-0.17%	-0.16%	-0.03%
5	Bitcoin Cash	BCH	$4,080,035,773.48	$224.10	18,206,600 BCH	$1,681,830,247.63	0.03%	-0.97%	4.98%
6	Litecoin	LTC	$2,778,396,524.61	$43.55	63,793,157 LTC	$3,017,148,033.37	-0.07%	0.61%	-0.33%
7	EOS	EOS	$2,559,643,917.93	$2.70	947,443,787 EOS *	$1,993,836,539.89	0.02%	0.74%	-0.08%
8	Binance Coin	BNB	$2,194,781,442.97	$14.11	155,536,713 BNB *	$202,552,703.06	0.25%	1.54%	-0.41%
9	Bitcoin SV	BSV	$2,003,156,429.14	$110.87	18,068,415 BSV	$650,101,885.07	-0.64%	1.25%	11.36%
10	Monero	XMR	$940,587,960.20	$54.10	17,387,097 XMR	$51,316,114.06	0.49%	6.58%	15.73%

2020년 1월 기준 시가총액 상위 10위 코인 목록. (출처: https://coinmarketcap.com/historical/20200105/)

로 순위가 바뀌기 때문에 비트코인이 이들 때문에 시장 지배력을 잃어간다는 설명도 맞지 않다. 새로운 암호화폐는 지금도 무수히 생겨나고, 현재 10위권에 포진해 있는 알트코인들은 끊임없이 신규 코인들의 도전을 받는다. 지금까지의 역사가 증명하듯 앞으로도 3위 이하의 코인들 순위는 계속해서 뒤바뀔 가능성이 크다.

그렇다면 이제 남은 이야기는 1위 비트코인과 2위 이더리움 간의 대결이다. 각자의 영역에서 대마불사로 자리매김한 비트코인과 이더리움의 시가총액 간 간극은 좁혀질 것인가? 더 나아가 이더리움이 비트코인을 뛰어넘어 왕좌에 등극할 것인가?

영원한 군주

위 질문에 대한 답으로 나는 유명 암호화폐 리서치 회사인 메사리Messari에서 내놓은 '2022년 암호화폐 대 전망Crypto Theses For 2022' 리포트의 36페이지 내용을 소개한다. 리포트에서는 이더리움이 비트코인의 시가총액을 추월할 가능성을 약 20%로 전망했다. 20%는 매우 낮은 가능성이다.

리포트는 이런 수치를 제시한 이유로 비트코인을 '본원통화 M0', 이더리움을 '구글'에 비교했다고 밝혔다. 비트코인이 현존하는 암호화폐 중 가장 우월한 형태의 '돈'이라면 이더리움은 가장 발달한 '가상 컴퓨팅 플랫폼'이라고 상정한 것이다. 현재 미국의 전체 본원통화량은 6조 달러, 구글의 모회사 알파벳 Alphabet의 시가총액은 1.86조 달러이다. 아마존의 시가총액이 미국의 본원통화량을 넘어서는 상황이라, 상상이 잘 되지 않는다. 물론 그렇다고 전혀 불가능한 것은 아니다. 누가 알겠는가? 원숭이 그림 NFT가 100억 원이 넘는 가격에 팔리는 세상이니 말이다.

문제는 이더리움의 경우 이미 다른 레이어1 스마트 컨트랙트 플랫폼들의 도전을 받고 있다는 점이다. 2년 전만 해도 10위권 밖에 있던 폴카닷Polkadot, 테라Terra, 솔라나Solana, 카르다노 Cardano의 시총은 작년 한 해 동안 무섭게 성장하여 이제 각각 10위, 9위, 7위, 5위에 자리매김하고 있다. 이에 따른 여파로 동

기간 이더리움의 레이어1 스마트 컨트랙트 플랫폼 시장점유율은 80%에서 60%로 하락했다.

반면에 완벽한 탈중앙화를 통해 가장 강력한 돈이 되려는 비트코인은 사실상 경쟁자가 없는 상태이다. 도지코인Dogecoin, 시바이누Shiba Inu, 비트코인 캐시Bitcoin Cash 등이 비트코인처럼 '탈중앙화된 돈'을 콘셉트로 한 대표적인 암호화폐이지만 아직 비트코인의 아성을 위협하기에는 존재감이 미미하다.

이는 희소성이라는 특성을 무기로 내세운 다른 재화를 살펴봐도 마찬가지이다. 지금 당장 구글에 모나리자를 검색하면 이미지 수만 건이 검색되지만, 가장 큰 가치를 인정받는 건 여전히 레오나르도 다빈치가 그린 원작이다. 복제품이나 비슷하게 그린 아류작은 태생적으로 원작의 가치를 뛰어넘기가 어렵다.

비트코인 도미넌스는 앞으로도 계속 하락할 수 있다. 암호화폐 시장이라는 파이 자체가 커지는 속도가 비트코인 가격이 오르는 속도보다 빠르다면 말이다. 그러나 앞으로도 비트코인이 시가총액 1위에서 내려올 가능성은 매우 낮다고 본다. 비트멕스의 창업자 아서 헤이스는 이렇게 말했다. "크립토 세계에서 가장 큰 화폐 네트워크는 앞으로도 크립토 세계에서 가장 큰 기술 기업보다 클 것이다." 나도 이 말에 동의한다.

제일 뛰어난 것을 외면할 이유가 없다

돈의 네트워크에는 일종의 반사 속성이 존재한다. 반사 속성이란 원래 수학 용어인데 '모든 값은 항상 자신의 값과 같다$_{a=a,}$ 또는 $_{b=b}$'라는, 어찌 보면 너무나 당연한 이론이다. 이를 돈을 선택하는 사람들의 행동양식에 대입해보면 어떨까. 사람들은 언제나 다른 사람들이 어떤 신용카드를 쓰는지, 어떤 핀테크 앱을 사용하는지 유심히 관찰하고 있다가 자신도 남들과 같은 것을 쓰려고 한다. 때로는 자기가 사용할 뿐 아니라 주변 사람들에게 "이거 좋으니 써봐."라며 추천하기까지 한다.

우리나라에서 데카콘* 핀테크 기업으로 성장한 토스Toss 같은 서비스를 떠올려보자. 토스가 빠른 속도로 성장할 수 있었던 이유는 빠르고 간편한 송금이라는 간단한 서비스에 매력을 느낀 사람들이 너도나도 주변에 추천하고, 그 추천이 또 다른 추천으로 이어져 기하급수적으로 네트워크 규모가 늘어났기 때문이다. '토스를 쓰지 않으면 남들과 편하게 돈거래를 할 수 없다'는 생각이 들자 사람들은 반사적으로 토스 앱에 가입하게 되었다.

비트코인의 경우 단순히 코인을 보유한 홀더들만 해당하는 것이 아니라 네트워크의 보안성을 적극적으로 높이는 채굴자들

◆　Decacorn, 기업 가치가 100억 달러 이상인 신생 벤처기업.

덕분에 이런 특징이 더욱 두드러진다. 많은 사람이 비트코인이 가치 저장 수단으로서 우월한 속성을 지닌다고 믿고, 그 안에 그들의 부를 저장하면서 수요가 증가하고, 이는 결국 가격 상승으로 이어진다.

금을 비롯한 광물의 경우 일반적으로 가격이 오르면 이를 더 많이 생산하려는 수요가 늘어 가격이 다시 떨어지게 마련이다. 그러나 비트코인의 공급량은 철저히 미리 프로그래밍된 공식을 따라가기 때문에 가격이 올라도 증가하지 않는다. 가격이 오르면 채굴자의 수익성이 높아지기 때문에 이를 이용해 더 많은 컴퓨팅 파워를 확보하는 데 투자하게 된다. 비트코인 채굴에 투입되는 컴퓨팅 파워가 늘어나면 네트워크의 보안성이 높아져서 자산으로서 비트코인의 매력이 더욱 부각되고, 이는 다시 사용자와 투자자의 증가로 이어진다.

돈의 네트워크에서 경쟁은 언제나 승자독식 시나리오로 귀결될 가능성이 높다. 잘못된 가치 저장 수단을 선택했다가는 곧 투자 손실로 이어질 수 있으므로 사람들은 매우 신중히 최종 승자가 될 네트워크를 가려내려 할 것이다.

돈에 자신의 부를 저장하고 있는 모든 투자자는 그들이 인지하든 인지하지 못하든 간에 어떤 돈의 네트워크를 사용할지 선택하게 되어 있다.

'바퀴를 다시 발명하지 마라'라는 유명한 프로그래밍 격언이 있다. 이미 만들어진 걸 또 만들려고 고생하지 말라는 말이다. 암호화폐와 블록체인으로 대변되는 웹 3.0 세상에서 이 격언은 비트코인에 그대로 적용될 수 있다.

'바퀴의 발명'은 한 번 발명되고 나면 결코 다시 발명될 수 없는 완전히 새로운 기술의 등장을 의미했다. 마찬가지로 비트코인이 발명되기 전까지는 인류 역사상 디지털 재화에 희소성을 부여하는 문제, 그리고 제3자의 존재가 완전히 배제된 개인 간 금융거래를 가능케 하는 문제는 한 번도 해결된 적이 없었다. 비트코인이 해결한 위 두 가지 문제들은 단순한 인터넷 기술의 발전 수준이 아니다. 인터넷 세상에서 희소성이 어떻게 존재할 수 있는가에 대한 퍼즐을 최초로 풀어낸 역사적인 발견이라 할 수 있다.

비트코인은 현재 타 암호화폐에 비해 가장 탈중앙화되고 안전한 암호화폐이다. 때문에 비트코인의 아성을 뛰어넘으려는 새로운 블록체인 네트워크와 암호화폐는 적어도 하나 이상의 특성을 희생하여 자신을 차별화해야 하는데, 이를 블록체인 트릴레마Blockchain Trilemma라고 한다. 이에 대한 내용은 뒤에서 좀 더 자세히 다루도록 하겠다.

단순히 비트코인의 코드 전체를 복사해서 똑같은 특성을 지닌 네트워크를 만들려는 시도 역시 결국 실패할 수밖에 없다.

비트코인은 지금까지 100번이 넘도록 하드포크*되었지만 결과적으로 모두 실패한 프로젝트로 남고 말았다. 이미 존재하는 가장 커다란 돈의 네트워크를 놔두고 그와 완전히 동일한 특성을 가졌지만 규모만 더 작을 뿐인 다른 네트워크로 전환할 이유가 없기 때문이다.

◆　Hard fork, 기존 블록체인과 호환되지 않는 새로운 블록체인에서 다른 종류의 암호화폐를 만드는 것.

Chapter 2

—

비트코인은
죽었다?

　'비트코인은 죽었다bitcoinisdead.org'라는 웹사이트에 따르면 비트코인은 탄생 이후부터 지금까지 총 377번이나 사형선고를 받았다. 특히 비트코인 가격이 크게 하락한 2011년, 2014년~2015년, 2018년~2019년에는 더 많은 경제학 교수들과 투자 전문가들이 언론에 나와 비트코인은 비로소 끝장났다고 외쳤다. 그러나 비트코인은 매번 보란 듯이 반등하며 전 고점을 경신했고 오늘날까지 죽지 않고 살아남았다.

　나는 이러한 상황을 보면 안티프래질Antifragile이라는 말이 떠오른다. 밀리언셀러『블랙스완』의 저자 나심 탈레브가 그의 또

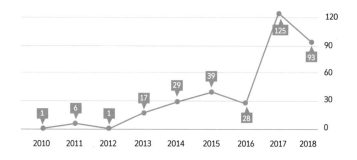

비트코인은 2019년 1월 3일까지 339번 죽었다. (출처: https://earlyinvesting.com/bitcoin-still-isnt-dead/)

다른 저서 『안티프래질』에서 '깨지기 쉬운'을 의미하는 프래질 Fragile에 반대를 뜻하는 접두어 '안티Anti'를 붙여 만들어낸 신조 어이다. 안티프래질은 무질서와 불확실성에서 이익을 얻을 뿐 만 아니라 살아남고 번영하기 위해서 무질서를 원하는 특성을 뜻한다. 항상 거센 비판과 공격에 직면하지만 그럴수록 더욱 강 력해지는 비트코인의 독특함과 닮아 있다.

린디 효과

만약 지나가는 아무나 붙잡고 비트코인과 탈중앙 암호화폐에 대한 간략한 설명을 해준 뒤, 만약 비트코인이 실패한다면 무 엇 때문일 것 같은지 물어보면 뭐라고 답할까? 아마도 누구든 특히 화폐와 경제학을 잘 아는 사람일수록 적어도 몇 가지의 이유를 댈 수 있을 것이다. 가격 변동성이 너무 심하다, 거래소 해킹도 빈번하게 터진다, 정부가 금지하면 어떡하냐, 범죄에 악용된다 등. 그러나 비트코인은 이미 지난 14년간 무수한 공격들로부터 살아남으며 내성을 다져왔다.

오래 살아남을수록 미래에 살아남을 확률이 더 높아진다는 이론을 린디 효과Lindy Effect 또는 린디의 법칙Lindy's Law이라고 한다. 예를 들어, 10년 동안 운영된 브로드웨이 연극은 1년 동안 운영된 브로드웨이 연극보다 10년 더 운영될 가능성이 높다. 나는 이것이 비트코인에도 적용될 수 있다고 믿는다.

비트코인이 대체될 가능성

비트코인은 현재 암호화폐 시장에서 최고의 화폐 상품이다. 아마 많은 투자자들이 네트워크 효과로 인해 하나의 암호화폐 상품, 즉 비트코인이 시장을 지배할 가능성에 동의할 것이다. 그렇지만 더 우월하거나 개선된 버전의 비트코인이 만들어진다면 어떨까? '뉴 비트코인'이 네트워크 효과의 새로운 수혜자가 될 수도 있지 않을까? 비트코인의 코드는 누구나 따라 하고 개선할 수 있는 오픈소스니까 말이다.

하지만 여러 가지 이유 때문에 비트코인이 '개선된' 암호화폐 자산으로 대체될 가능성은 매우 낮다. 가장 큰 이유 중 하나는 속도나 확장성 등 비트코인의 한 가지 특성이 개선되면 비트코인의 탈중앙화 수준이나 보안 수준과 같은 또 다른 특성이 감소하기 때문이다. 이러한 상황을 '블록체인 트릴레마'라고 한다.

분산형 데이터베이스의 트릴레마

1980년대 초반에 컴퓨터 과학자들은 분산 데이터베이스에 내재된 일종의 트릴레마*를 확인했다. 최근에는 이더리움 창시자 비탈릭 부테린이 이 트릴레마의 변형이라 할 수 있는 블록체인 트릴레마에 대해 설명했다. 그는 분산형 데이터베이스는 한 번에 세 가지 보장보안성, 탈중앙성, 확장성 중 두 가지만 제공할 수 있다고 말했다.

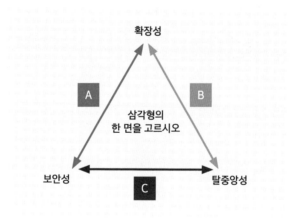

비탈릭 부테린이 설명한 블록체인 트릴레마.

❖ Trillemma, 세 가지 문제가 서로 얽혀 있어 옴짝달싹하지 못하는 상황.

(1) 보안성

보안성은 네트워크가 공격받거나 손상되지 않도록 하는 보장을 의미한다. 비트코인 같은 분산 네트워크가 보안성을 잃어버리는 주요한 경우는 '51% 공격'을 받았을 때다. 51% 공격은 한 사람 또는 한 그룹이 비트코인 네트워크의 컴퓨팅 파워해시레이트**를 절반 이상 통제하는 것이다. 이것이 달성되면 공격자는 자기 마음대로 네트워크를 제어하거나 더 구체적으로는 이중지불 또는 거래취소 등과 같이 공개 원장을 변경할 수 있다. 그러면 네트워크에 대한 신뢰가 손실되고 전체 네트워크가 붕괴할 수도 있다. 분산형 네트워크가 더 많은 노드와 채굴자, 즉 더 많은 사람·그룹·지리적 영역에 분산되어 있고 크기가 클수록 공격하기가 더 어렵고 더 많은 비용이 소요된다.

다음 페이지의 그래프에서 볼 수 있는 것과 같이 네트워크를 보호하는 해시레이트로 측정할 때, 동일한 해싱 알고리즘을 사용하는 다른 암호화폐 대비 비트코인은 단연코 가장 안전한 암호화폐이다.

하지만 해시 알고리즘의 차이 때문에 비트코인의 해시레이트는 다른 암호화폐, 특히 시가총액 기준으로 둘째로 큰 이더리움의 해시레이트와 직접적으로 비교할 수 없다. 대신 네트워크 보

** Hashrate, 비트코인을 채굴하기 위해 전 세계 네트워크를 통해 동원된 연산 능력의 총합.

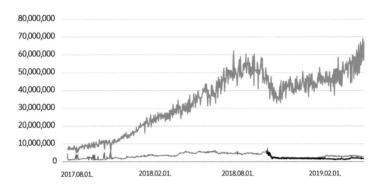

비트코인 계열 코인들의 해시레이트(TH/s). (출처: 코인 메트릭스, 2022.01.18.)

안 전용 채굴 자원의 척도로 연간 총 에너지 사용량을 비교할 수 있다. 이더리움이 연간 약 25TWh 테라와트시를 사용하는 것에 비해 비트코인은 연간 약 137TWh를 소비하는 것으로 추정된다.

(2)탈중앙성

탈중앙성은 한 개인이나 그룹이 시스템과 네트워크에 대해 더 많은 통제력을 가질수록 떨어지고, 더 적은 통제력을 가질수록 올라간다. 분산 네트워크에서 합의는 일종의 투표 메커니즘을 통해 달성된다. 이 시스템에서는 단일 그룹이 데이터를 제어

하거나 제한할 수 없다. 개방 분산 네트워크에서 누구든지 자유롭게 가입할 수 있고, 그들이 네트워크의 규칙이나 프로토콜을 따르는 한 누구도 그들을 배제할 수 없다. 이를 통해 네트워크는 중개자 없이 작동할 수 있다.

더 높은 수준의 탈중앙성을 달성하려면 비교적 낮은 네트워크 처리량과 느린 정보 전달 속도를 감수해야 한다. 분산 네트워크의 반대는 한 중개자가 네트워크의 모든 것을 제어하는 완전 중앙집중 네트워크이다. 합의가 필요하지 않기 때문에 놀라운 속도와 처리량이라는 이점을 가지지만, 이 단일 중개자를 신뢰할 수밖에 없다는 단점이 있다.

비트코인은 현존하는 암호화폐들 중에서 가장 탈중앙적인 암호화폐이다. 예를 들어 암호화폐 시장조사 업체 코인메트릭스 Coin Metrics의 최근 보고서에 따르면, 비트코인은 계속 보유자 수가 분산되고 활성 주소가 증가하며 채굴 풀도 점점 더 파편화되고 경쟁적으로 변하고 있다.

또 비트코인의 컴퓨팅 파워 분포는 최근 큰 변화를 보였다. 몇 년 전만 해도 해시레이트 중 약 75%가 중국에서 발생했고, 미국 발생은 4%에 불과한 것으로 추정되었다. 그런데 최근에는 중국에서 이런 활동을 금지해 중국에서는 사실상 아무 활동이 없고, 미국이 약 35%로 1위를 차지하고 있다.

(3) 확장성

확장성은 네트워크가 사용자 수의 증가 같은 성장을 처리하는 능력, 그리고 네트워크가 제한된 시간 동안 얼마나 많은 트랜잭션을 처리할 수 있는가를 말한다. 비트코인 네트워크는 확장성을 최소화한 반면 탈중앙성과 보안성을 극대화하였다. 덕분에 이후에 생겨난 블록체인 네트워크들에 비해 트랜잭션 처리량이 적고 속도가 느린 것이 약점으로 지적받고 있다.

비트코인 네트워크는 평균 10분마다 새로운 블록을 추가하고 트랜잭션을 검증한다. 그리고 비트코인의 블록 크기는 제한되어 있기 때문에 각 블록에 들어갈 수 있는 트랜잭션 수 또한 제한되어 있다. 비트코인 네트워크는 초당 약 3~7개 트랜잭션을 처리할 수 있는 반면 VISA 같은 고도의 중앙집중 결제 네트워크는 초당 약 1,700개 트랜잭션을 필요에 따라 여러 번 확장하고 처리할 수 있다.

무엇보다 중요한 건 화폐의 안정성

다수 대중이 사용하는 화폐는 무엇보다 안전해야 한다. 비트코인 네트워크가 지닌 강력한 탈중앙성과 보안성은 시간이 지날수록 더욱 주목받을 것이며, 네트워크 효과의 법칙에 따라 더 많은 사람들을 끌어들일 것이다. 미래에 화폐 네트워크로서 비트코인을 뛰어넘는 또 다른 네트워크가 등장할 수 있을까? 그

가능성은 매우 낮을 것이다.

비트코인 블록 크기 전쟁

비트코인의 트랜잭션 처리량은 각 블록이 추가되고 트랜잭션이 검증되는 시간약 10분마다과 블록 크기약 1MB 때문에 제한된다. 일부 사용자와 개발자는 비트코인의 확장성을 늘리기 위해 간단하고 직접적인 방법을 제안했다. 즉, 블록 크기를 1MB 이상으로 키우는 것이다.

이는 논쟁의 여지가 없고 단순한 변경을 나타내는 것처럼 보일 수 있다. 하지만 실제로는 개발자 커뮤니티에서 수년에 걸친 치열한 전쟁을 유발했다. 블록체인 트릴레마를 단적으로 보여준 이 전쟁은 '작은 블록 지지자'와 '큰 블록 지지자' 두 진영으로 나뉘어 치러졌다.

블록 크기가 논쟁의 중심에 있었지만, 더 근본적인 이슈는 비트코인이 무엇이며 어떻게 발전해야 하는지, 또는 어떻게 발전하지 않아야 하는지에 대한 원칙 싸움이었다.

원래 크기의 블록 또는 더 작은 블록을 원하는 사람들은 일반적으로 비트코인의 안정성에 장기적인 초점을 두고, 변경하기가 매우 어려운 강력한 프로토콜 규칙을 선호한다.

코드가 변경되면 잠재적으로 비트코인 네트워크가 새롭거나 예상치 못한 공격 벡터에 노출될 수 있기 때문이다. 작은 블록

지지자는 개인 또는 일반 사용자가 개인 노드를 실행할 수 있는 능력이 비트코인의 보안과 분산을 유지하는 데 중요하다고 믿는다. 큰 블록은 블록체인에 보관할 더 많은 기록을 의미하므로 노드비트코인 원장를 실행하는 것이 더 어렵고 비용도 더 많이 소요된다는 것이다.

이러한 문화 때문에 지금도 비트코인 개발자 커뮤니티에는 수많은 코드 변경과 업그레이드 요청들이 올라오지만 실제 적용은 아주 제한적으로만 진행되고 있다.

반면에, 큰 블록 지지자들은 단기 장애물을 제거하거나 새로운 기회를 만드는 데 집중하고자 한다. 그들은 더 쉽고 빠르게 변경할 수 있는 프로토콜 규칙을 원하고, 블록의 크기를 키워야 한다고 주장한다.

그러나 블록 크기를 늘리는 것은 절충안 없이는 불가능하다. 왜냐하면 첫째, 블록이 클수록 블록체인이 커진다. 현재 전체 블록체인비트코인의 오픈소스 원장에 기록된 모든 트랜잭션의 크기는 약 400GB이다. 이를 통해 거의 모든 사람이 가정용 컴퓨터 또는 약 100달러짜리 저렴한 컴퓨터에서 전체 블록체인을 다운로드하고 전체 노드를 실행할 수 있다. 블록체인이 커지면 노드를 운영하는 데 비용이 더 많이 들고, 더 어려워진다. 그렇게 되면 기업이나 고가의 장비를 가진 사람만 노드를 구축하고 실행할 수 있기 때문에 분산이 덜해질 수 있다.

둘째, 블록이 커질수록 채굴자의 수입이 적어진다. 블록 용량이 커지면 블록에 담기기 위해 대기실멤풀, Mempool에서 기다리는 트랜잭션이 줄어든다. 비트코인의 블록 용량은 1MB로 고정되어 있기 때문에, 비트코인을 사용하는 사람들이 갑자기 늘어나 블록체인 혼잡도가 심해지면 사용자들은 서로 자신의 트랜잭션을 먼저 블록에 올리기 위해 더 높은 거래 수수료를 걸어야 한다. 만약 비트코인의 블록 용량이 커진다면 블록체인 혼잡도가 감소하고, 그에 따라 거래 수수료가 낮아지며 채굴자 수입이 감소할 수 있다. 원칙적으로 반감기가 있는 채굴 보상 수수료에 이런 이유까지 더해진다며 채굴자들이 조업을 중단할 수 있고, 채굴자들의 조업 중단은 비트코인 네트워크의 보안 저하로 이어질 것이다.

이렇듯 큰 블록은 트랜잭션 규모나 처리량을 증가시킬 수 있지만 네트워크의 탈중앙성과 보안성 하락을 동반한다.

하드포크된 비트코인

비트코인 네트워크는 2017년 블록 크기 전쟁으로 인해 두 개의 서로 다른 블록체인으로 하드포크되었다. 바로 기존 1MB 블록 용량을 고수한 '비트코인'과 블록 용량을 8MB까지 늘린 '비트코인 캐시'이다. 비트코인은 모든 노드가 합의해야 업그레이드가 단행되는데, 블록 용량에 대한 의견이 갈리자 일부 노드

진영이 자신들의 주장을 관철시키기 위해 이탈한 것이다. 이렇게 하드포크되어 나가서 새로운 비트코인을 만들겠다고 한 시도가 지금까지 100회가 넘는다. 그러나 대부분의 하드포크는 완전히 실패하여 시장에서 자취를 감췄거나비트코인 XT, 비트코인 클래식 등, 형편없는 시장 지배력을 간신히 유지하는 수준에 그치고 있다비트코인 캐시, 비트코인 SV 등.

비트코인 vs. 이더리움

여기에서 이더리움 네트워크와 이더리움 토큰 전체를 논의할 생각은 없다. 다만 비트코인과 시가총액 2위 암호화폐인 이더리움 간의 유사점과 차이점을 조금 살펴보고자 한다.

비트코인 기능의 확장판

처음부터 백서로 발표된 비트코인은 '순수한 P2P 버전의 전자화폐'로서 만들어졌다. 때문에 비트코인 네트워크는 중개인을 신뢰하지 않고도 가치가 안전하게 전송될 수 있는 분산형으로 설계되었다. 바로 이러한 특성이 미리 프로그램된 통화 일정과 2,100만 개 상한선을 둔 신뢰성 있는 공급과 결합해 비트코인이 화폐 상품과 가치의 저장소가 되게 만들었다.

이더리움은 비탈릭 부테린이 2013년에 발행한 백서로 시작되었다. 그 내용을 요약해보면 비트코인이 개척한 블록체인 기술을 확장하여 더 많은 기능, 특히 더 복잡한 트랜잭션을 수행할 수 있는 기능을 포함하도록 했다.

이더리움 백서에는 이런 내용이 나온다.

"이더리움의 목적은 임의의 상태 전달 함수를 인코딩하는 데 사용할 수 있는 '계약'을 만드는 데 사용할 수 있는 튜링-완전 프로그래밍 언어를 내장한 블록체인을 제공하는 것이다."

이더리움 블록체인 네트워크는 모든 앱을 프로그래밍하는 데 사용할 수 있는 스마트 컨트랙트를 호스팅하고 실행할 수 있다. 이러한 이유로 일부 사람들은 이더리움 네트워크를 '분산 세계 컴퓨터'라고도 한다. 이 네트워크 덕분에 이더리움 블록체인에서는 다양한 토큰을 발행할 수 있다. 그리고 분산 금융, 게임, 소셜미디어 도구 등을 포함하여 여러 앱을 구축하는 데 사용할 수 있는 일종의 플랫폼 역할을 한다.

플랫폼으로서 이더리움

이더리움은 비트코인에 비해 우월하거나 더 발전한 네트워크라고 할 수 있다. 하지만 추가 기능과 유연성은 비용이 많이 든다. 특히 더 복잡한 네트워크이기 때문에 소프트웨어 버그에 대한 가능성을 높이고, 분산과 보안이 저하될 수 있다.

앞서 소개한 블록체인 트릴레마 개념에 따르면 모든 블록체인은 보안성, 탈중앙성, 확장성 중에서 하나에 집중하면 나머지 두 개를 악화시키는 결과를 낳는다. 이더리움은 확장성에 집중한 체인이지만 탈중앙성도 최대한 챙기려는 모습을 보였다. 이더리움보다 빠르고 수수료도 싼 카르다노, 바이낸스 스마트체인BSC, 솔라나는 탈중앙성을 버리는 대신 확장성을 더 키운 체인이다. 이더리움이 이런 3세대 블록체인들보다 여전히 앞서는 이유는 디파이와 NFT 수혜를 가장 먼저 그리고 거의 유일하게 입은 체인이기 때문이다. 사실 이미 '너무 커서 실패할 수 없는 상황Too Big To Fail'이 되었다고 볼 수도 있다. 그만큼 플랫폼 독점은 여간해서는 깨지지 않고, 블록체인 세상에서 플랫폼으로서 이더리움의 위치는 꽤 공고하다. 하지만 비싼 가스비, 느린 전송 속도, 불투명한 재단 운영 등의 문제를 해결하지 않으면 언젠가는 서서히 문제가 드러날 것이다.

롤업과 샤딩

이더리움 2.0은 앞으로 갈 길이 엄청나게 먼데, 일단 롤업Rollup과 샤딩Sharding이라는 걸 완성해야 한다. 롤업은 트랜잭션을 밖에서 처리하고 이더리움에는 요약정보만 저장하는 방식이다. 현재 롤업을 이용해서 이더리움 1.0을 기반으로 확장성을 키운 아비트럼Arbitrum 체인이 대표적인 롤업 레이어2이다. 아비트럼은 이더리움을 그대로 사용하지만 수수료는 1/10 수준이다.

샤딩은 이더리움 트랜잭션이 저장되는 컴퓨터를 64개로 나눠

처리 속도를 끌어 올리려는 시도이다. 쉽게 말해 샤딩이 완성되면 이더리움이 64개 버전으로 존재한다고 보면 된다. 이 64개 체인에 블록 생성자와 검증자를 랜덤으로 배치해서 트랜잭션을 처리시키는 '두뇌' 역할을 하는 게 비콘Beacon 체인이다.

비콘 체인은 샤드 체인들이 병렬적으로 작동하면서도 동기화 상태를 유지할 수 있도록 하는 블록체인을 의미한다. 기존의 작업증명PoW 방식의 알고리즘 대신 검증인들의 2/3 이상의 투표를 확보하여 거래를 검증하는 방식의 알고리즘이다.

이더리움 2.0의 심장이라고도 불리는 비콘 체인은, 코디네이션 레이어Coordination layer로서 데이터 레이어Data layer에 해당하는 샤드 체인들의 합의가 가능하게 하는 시스템이다. 이더리움

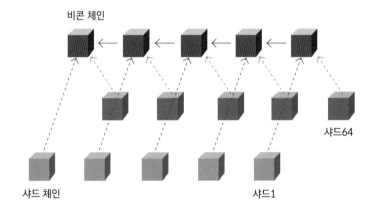

이더리움 2.0의 심장이라고도 불리는 비콘 체인 시스템. (출처: https://m.upbitcare.com/academy/education/coin/168)

2.0에서 지분증명PoS, Proof-of-Stake의 유효성 검증을 위한 검증인들을 관리하고 검증작업을 수행한다.

이더리움 2.0은 지금도 존재한다. 비콘 체인에는 이미 20만 개가 넘는 노드가 각각 32이더리움씩 스테이킹*해서 들어와 있는 상태이다. 물론 아직 트랜잭션이 없기 때문에 그냥 블록을 생성하고 검증하고만 반복하고 있다. 다음 단계는 이것을 이더리움 1.0과 합치는 과정인데, 정확히는 이더리움 1.0에 있는 앱과 유저를 자연스럽게 넘어오게 하는 것이다. 이 과정은 올해 진행될 것으로 보이며 그리 어렵진 않을 것이라 예상한다. 그다음은 점차 롤업과 샤딩을 접목해서 이더리움 2.0의 확장성을 늘리는 단계인데 이는 최소 2023~2024년은 되어야 할 것이다.

이더리움의 장점과 단점

다른 3세대 이더리움 킬러들 대비 이더리움이 지닌 장점은, 플랫폼 블록체인으로서 탈중앙성을 최대한 유지하면서 확장성을 해결하는 기술력이 가장 앞서 있다는 것이다. 솔라나, BNB 등은 단순히 블록 용량을 늘리고 블록 생성 주기를 빠르게 하여 확장성을 늘린다. 그러면 블록을 만들고 검증할 노드의 컴퓨터

  ❖   Staking, 자신이 보유한 암호화폐의 일정한 양을 지분으로 고정시키는 것.

에 엄청난 고사양이 요구되고, 이는 노드의 집중화 또는 기업화로 이어져 블록체인을 쓰는 이유가 없어진다는 문제가 있다.

이더리움의 단점은 탈중앙화와 확장성을 모두 잡으려는 방향성 때문에 벌써 가랑이가 찢어지는 모습이 보인다는 것이다. 샤딩만 해도 서로 다른 64개 체인이 도대체 무슨 방법으로 소통할 건지, 스마트 컨트랙트 같은 복잡한 데이터 처리는 어떻게 나머지 체인들에 공유할 건지 등 문제가 산재해 있다.

작업증명 방식에서는 노드가 가장 긴 체인만 찾고 네트워크에 전파하면 검증이 끝난다. 그런데 이더리움은 모든 노드의 2/3가 동의할 때까지 검증을 계속해야 한다. 그러다 보니 이 과정에서 문제가 터지지 않게 하려고 잘못된 행동을 하거나 컴퓨터 전원을 내리는 노드에게는 강제로 이더리움을 뺏어버리는 강한 페널티를 두는 등 많은 허점이 발생하고 있다.

과연 '재단' 같은 애매한 조직 구조로 이런 엄청난 문제들을 하나하나 해결하여 플랫폼을 완성할 수 있을까? 그렇다면 차라리 기업이 운영하는 게 훨씬 낫지 않을까? 물론 탈중앙화와는 거리가 멀어진다. 다시 트릴레마 문제로 돌아가게 되는 것이다.

선택과 집중

이더리움은 탈중앙화와 확장성을 다 잡으려고 하는 것 자체가 단점이다. 오히려 솔라나와 카르다노가 더 늦게 시작했지만

	비트코인 네트워크	이더리움 네트워크
주요 목적	탈중앙화, 보안, 화폐 네트워크	분산 세계 컴퓨터
개선 실행 속도	매우 느리고 신중함	빠르고 사용자 요구에 응답
프로그래밍 가능 또는 스마트 컨트랙트	불가	가능
토큰 호스팅	비트코인만	여러 토큰 호스팅 가능
통화 정책	고정, 사전 프로그래밍, 변경 불가	변경되었으며 다시 변경될 것으로 예상
심사성 (총 코인 개수 확인 가능 여부)	상시 심사 가능	심사 가능하지만 비트코인보다 어려움
중앙집중화 수준	매우 탈중앙화	더 중앙집중식
노드 비용	저가(~$100)	고가
합의 메커니즘	작업증명	현재는 작업증명이지만 곧 지분증명으로 변경할 예정

비트코인과 이더리움 네트워크 간의 차이점과 절충안에 대한 요약.

중앙집권화되었기 때문에 느린 TPS 문제는 더 효율적으로 해결할 수 있었다. 아무리 이더리움의 미래가 기대된다고 해도 당장 사용자들은 수수료 싸고 빠른 쪽으로 이동하고 말 것이다.

반면 비트코인은 오직 탈중앙화에만 집중하기 때문에 가장 강력한 가치 저장 수단이 될 수 있고, 그 덕에 더 많은 사용자가 모여들어 기술로 확장성 문제를 해결하는 레이어2, 레이어3 등이 지속적으로 생겨날 수 있다.

누가 살아남을 것인가

앞서 언급했듯이, 비트코인의 오픈소스 특성은 개인이 자신의 토큰과 프로젝트를 위해 원래의 비트코인 기본 코드를 쉽게 복사·변경·구축할 수 있는 능력을 제공한다. 이로 인해 엄청난 양말 그대로 수천의 '알트코인'이 생성되어 생태계에 처음 발을 들인 사람들에게 혼란을 일으키고, 때로는 비트코인이 희소하지 않다고 오해하게 한다.

그러나 알트코인이 아무리 많이 생겨난다 해도 비트코인은 여전히 유일무이하다. 그 이유는 다음과 같다.

첫째, 비트코인 네트워크는 다른 블록체인 네트워크와 호환되지 않으며 비트코인 토큰은 다른 토큰과 대체할 수 없다. 그러므로 비트코인 토큰은 부족한 반면, 디지털 토큰은 부족하지 않다.

둘째, 비트코인 토큰의 주요 가치 동인은 확실하게 시행되는 공급 한도로 인한 희소성이다.

셋째, 정부가 발행한 신용화폐를 대체할 가능성이 있을 것으로 논의되는 코인은 비트코인이 유일하다.

넷째, 비트코인은 이미 일부 개발도상국에서 법정화폐로 채택되는 중이다. 더 많은 국가에서 비트코인을 법정화폐로 채택할수록 다른 암호화폐가 이 영역에서 비트코인을 앞지를 가능성은 더욱 낮아진다.

지금까지 우리는 비트코인이 현재 가장 안전하고 분산된 네트워크이지만, 확장성은 높지 않다는 것을 확인했다. 이더리움과 달리 비트코인의 네트워크는 추가 기능이나 추가 프로그래밍 가능성을 허용하지 않는다. 이런 고유한 특성 때문에 암호화폐 생태계는 시장이 요구하는 수준의 사용 적합성을 달성하고자 하는 수백 개의 프로젝트들로 북적거린다.

투자자들은 이 혁신의 최종 상태를 궁금해한다. 비록 누구도 미래를 완벽하게 예측할 수는 없지만 대체로 두 가지 지배적인 시나리오를 검토하고 있다. 특히 비트코인이 각 시나리오에서 어떻게 활약할지에 관심이 쏠린다.

멀티체인 세계

다양한 토큰들이 공존하는 현재 암호화폐 생태계는 다방면으로 파편화되어 있다. 개발 인력도 비트코인 개발자, 이더리움 개발자, 솔라나 개발자 등 블록체인별로 따로 존재한다.

예를 들어 비트코인의 구조는 이더리움과 근본적으로 다르다. 그 결과 이더리움뿐만 아니라 이를 기반으로 한 모든 토큰과

NFT 생태계가 비트코인과 상호작용하지 못하고 있다.

이러한 상황을 해결하기 위해 다양한 블록체인 생태계를 서로 연결할 브리지가 건설되고 있으며, 앞으로도 수년 동안 계속될 것이다. 상호운용성은 암호화폐 생태계의 성공을 위한 핵심이라 할 수 있다.

코인들의 상호운용성이 커진다고 해도 기준이 되는 코인은 꼭 필요하다. 사용자들이 특정 코인을 돈처럼 주고받으며 거래를 하기 위해서는 그에 대한 가치가 보장되어야 하기 때문이다.

예를 들어 사람들은 특정 웹 3.0 서비스를 간편하게 이용하기 위해 해당 서비스가 발행한 별도 토큰을 구매하고 사용할 수 있다. 그 서비스 안에서 만큼은 해당 토큰이 재화나 서비스를 이용하는 대가이며 가격도 모두 그 토큰으로 매겨져 있을 것이기 때문이다. 그러나 해당 서비스를 벗어나면 그 토큰은 아무 짝에도 쓸모없어진다. 만약 다른 서비스 플랫폼으로 나의 부를 옮기고 싶다면 비트코인을 이용해야 한다. 비트코인은 지금도 암호화폐 세계에서 가장 궁극적인 통화로 인식되고 있기 때문이다.

비트코인 외 토큰들은 사용 사례를 만들어 새로운 기술이 실제로 실행 가능함을 증명하기 위해 전쟁 중이다. 이들은 특정 수준의 계층 확장에 적합한 절충점을 찾는 것을 목표로 하고 있으며, 개발과 기능 향상을 위한 치열한 경쟁에 직면하고 있다.

내가 비트코인과 그 외 코인들을 비교하는 것은 다른 코인을 만들거나 이에 투자하는 사람들에 대해 비난하기 위한 것이 아니다. 오히려 비트코인이 가치 저장 수단으로서 갖는 분명한 이점이 다양한 암호화폐가 공존하는 세상에서 발생할 수 있는 여러가지 부작용들을 감소시킬 수 있으리라 생각한다.

비트코인은 보안과 분산화에 최적화되어 있고 모든 사용자의 권한을 동등하게 보장한다. 또한 강력한 공급 제한으로 '절대적 희소성'을 가지고 있다. 비트코인이 모든 블록체인 네트워크를 아우르는 통합 화폐 네트워크로 기능할 수 있는 이유이다.

승자독식 세계

블록체인은 의심할 여지없이 매우 중요한 기술적 창조물이다. 제 3자 신뢰기관의 존재 이유를 제거함으로써 중앙집중식 데이터 저장·관리 방식을 탈중앙식으로 바꾼 것은 가히 역사적인 사건으로 기록될 만하다. 그러나 블록체인이라고 해서 다 같은 블록체인은 아니다. 중앙화된 블록체인은 사실 기존의 데이터베이스 처리방식과 거의 차이가 없으며, 이는 탈중앙 블록체인의 핵심 가치인 영원불변성·몰수 불가성·검열 저항성·무신뢰성을 현저히 저하시킨다.

탈중앙성 관점에서 현재 시중에 나와 있는 토큰들의 가치를 점검해볼 수 있다. 어떤 토큰은 비트코인처럼 모든 면에서 최대한으로 탈중앙화되어 있는 반면, 어떤 토큰은 표면적으로는 블록체인 기술을 사용하고 탈중앙을 외치지만 사실상 소수의 특정 그룹에게 엄청난 부와 권력이 모이는 구조로 만들어져 있다.

일부 토큰 투자자는 그저 더 많은 기능과 사용성을 제공한다는 이유로 이런 '덜 탈중앙화된' 토큰을 선호할 수도 있다. 만약 이런 투자자들이 과반수를 차지한다면 암호화폐 생태계는 앞서 소개한 '멀티체인 세상'으로 발전할 것이다.

반면 웹 3.0 세상의 애플리케이션들이 각자 별도의 블록체인과 토큰을 만드는 것이 아니라, 기존에 존재하는 기본 레이어레이어1 블록체인 위에서 해당 블록체인의 토큰을 그대로 사용할 수도 있을 것이다. 이런 환경이라면 다수의 블록체인이 필요하지 않다. 한 개 혹은 아주 소수의 블록체인이 전체 암호화폐 생태계를 떠받치는 기본 레이어의 역할을 하는 '승자독식 세상'이 되는 것이다.

이것이 기술적으로 가능해지면 애플리케이션을 만드는 사업가는 당연히 가장 튼튼하고 보안성이 뛰어난 블록체인 위에 자신이 만든 서비스를 올리고 싶어질 것이다. 블록체인 네트워크 중 가장 탈중앙화되어 있으며 영원불변성을 지닌 것은 비트코인 네트워크이므로, 승자독식 구조의 웹 3.0 생태계에서 주인공이 될 가능성이 가장 높은 것은 비트코인이다.

비트코인의 진화,
라이트닝 네트워크

웹 2.0에서 아마존, 페이스북, 구글, 넷플릭스 등의 성공은 인터넷이라는 기본 레이어를 훨씬 가치 있고 중요한 공간으로 업그레이드해 주었다. 이와 비슷하게 웹 3.0에서도 특정 암호화폐들을 비롯해 그 주변에서 발생하고 있는 다양한 성공 사례들은 이를 떠받치는 기본 레이어의 사용성을 증가시키고, 사람들의 소유 욕구를 높인다. 마치 입지 좋은 곳에 위치한 부동산의 인기가 높아지듯이 말이다.

이 구조에서 흥미로운 점은 사용자, 또는 투자자가 실제로 기본 레이어의 일부를 소유할 수 있다는 것이다. 웹 2.0에서 투자

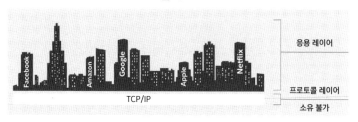

웹 2.0

응용 레이어

Facebook Amazon Google Apple Netflix

TCP/IP

프로토콜 레이어

소유 불가

웹 3.0

응용 레이어

네트워크로서 비트코인

통화로서 비트코인

프로토콜 레이어

소유 가능

웹 2.0에서 웹 3.0으로, 인터넷 가치의 변화. (출처: 트위터 @Croesus_BTC)

자는 인터넷 자체를 소유할 수는 없으므로 개별적인 애플리케이션의 성공 여부를 예견해서 주식 등을 통해 선제적으로 투자해야 했다. 그러나 웹 3.0에서는 어떤 애플리케이션이 성공할 것인가를 예측할 필요가 없다. 기본 레이어를 소유하기만 하면 그것과 그 위에서 벌어지는 모든 혁신예: 구글, 아마존 등과 함께할 수 있기 때문이다.

비트코인은 결국 시장이 요구하는 방향대로 진화할 것이다. 앞으로 암호화폐 산업이 성숙하며 정확히 어떤 모습이 될 것인지 예측하기는 어렵다. 앞에서 살펴봤듯이 탈중앙화의 정도만

약간씩 다른 암호화폐들이 공존하고 서로 각축전을 벌이는 '멀티체인' 세상이 될 수도 있고, 가장 탈중앙화되어 있고 보안이 철저한 블록체인 위에 모든 서비스와 애플리케이션이 올라가는 '승자독식' 세상이 될 수도 있다. 어쨌든, 비트코인은 이미 그 희소성과 탈중앙성 덕분에 최고의 가치 저장 기능을 제공하는 코인으로 자리매김했다. 나머지 코인들이 이외의 영역에서 앞으로 어떤 역할을 찾고 스스로의 필요성을 증명하여 살아남을지는 미지수이다. 기술의 발전에서 단 몇 년의 격차가 얼마나 크게 작용할까? 지금 비트코인 네트워크 위에 지어지고 있는 레이어2의 발전을 보면 이미 후발주자들과의 격차가 커지고 있는 것으로 보인다.

레이어로 진화하는 블록체인

비트코인의 가치가 단순한 투자자산이나 부의 저장 수단으로 그치는 것이 아니라 다가오는 웹 3.0의 근간을 이룰 '네트워크'로서 엄청난 가능성을 지녔다는 증거가 바로 비트코인의 레이어2 솔루션인 라이트닝 네트워크Lightning Network이다.

라이트닝 네트워크를 이해하기 위해 먼저 비트코인 네트워크의 작동방식을 살펴볼 필요가 있다. 비트코인 네트워크는 비트코인이 거래될 때마다 거래 기록을 담은 장부 전체를 통째로 업데이트하는 시스템이다.

비유하자면 이렇다. 한 마을에서 A와 B가 돈거래를 한다고 치자. 이때 거래 기록장부은 두 사람이 각각 한 부씩 보관한다. 이경우 둘 중 누군가가 장부를 조작해 거짓말을 하면 사실관계를 확인하기가 어렵다. A가 B한테 돈을 받고도 안 받았다고 하거나, B가 돈을 주지 않고 줬다고 우길 수도 있다. 둘 다 각자 갖고 있는 장부를 보여주며 자신의 말이 옳다고 주장할 것이다.

그런데 만일 A와 B가 거래하면서 마을의 모든 사람에게 장부를 한 부씩 나눠줬다면 어떨까? 최소한 마을 사람들의 과반을 끌어들이지 않는 이상 장부를 조작하기 어렵다. 비트코인은 거래가 일어날 때마다 해당 거래를 기록한 장부를 네트워크에 참여하고 있는 모든 노드에게 공유하는 방식을 쓴다. 누군가 비트코인을 보내놓고 안 보낸 척한다거나, 안 보내놓고 보냈다고 우기는 일은 발생할 수 없다.

은행 같은 제3자가 개입하지 않고도 거래의 신용을 담보할 수 있도록 설계됐다는 점은 매우 혁신적인 기술임과 동시에 비효율적이기도 하다. 단 100원어치의 비트코인을 거래하더라도 그때마다 전체 네트워크 데이터를 통째로 업데이트하기 때문이다. 네트워크의 혼잡도에 따라 그때그때 다르지만 만 원 이하 소액 거래라면 수수료가 더 많이 나올 것이고, 거래 시간은 기본 10분에서 많게는 한 시간 이상씩 걸리기도 한다. 이게 모두 A가 B에게 비트코인을 보냈다는 간단한 사실을 네트워크에 있는 모든 노드가 알고 공유해야 해서 발생하는 비효율이다.

사실 금액이 큰 비트코인 거래일수록 수수료는 별로 문제가 되지 않는다. 하지만 소액 거래에는 문제가 될 수 있다. 비트코인으로 커피 한 잔을 사 먹는데 수수료가 커피 값만큼 나올 수 있는 것이다. 만약 내가 결제하는 시점에 비트코인 네트워크 사용량이 폭증하면서 갑자기 수수료가 치솟을 수 있는 것도 문제이다.

예컨대 10만 원짜리 물건을 사려고 비트코인을 보내는데 수수료가 10만 원 넘게 나오는 황당한 일이 벌어질 수 있다. 거래에 드는 시간도 마찬가지이다. 코인마켓캡에 따르면, 비트코인 거래에 소요되는 시간은 평균 10분 정도이다. 우리나라처럼 바쁜 게 미덕인 나라에서 커피 한 잔 값을 결제하기 위해 10분을 기다려줄 사람은 아마 없을 것이다.

이를 해결하고자 비트코인 개발자들이 만든 것이 바로 라이트닝 네트워크이다. 쉽게 말하면 비트코인 네트워크와는 별도로 비트코인 네트워크에 연결할 수 있는 네트워크를 하나 더 만든 것이다. 라이트닝 네트워크를 이용하면 비트코인 소액 결제를 쉽게, 수수료 없이, 즉각적으로 실행할 수 있다.

방식은 이렇다. 자주 거래하는 특정인 간의 거래를 매번 비트코인 네트워크 장부에 올리지 않는다. 여러 번 거래한 이후 한꺼번에 정산해 마지막 한 번만 장부에 올린다. 예컨대 A와 B 사

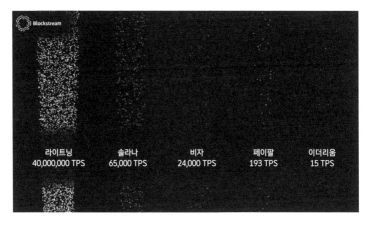

라이트닝 네트워크, 솔라나, 비자카드, 페이팔, 이더리움의 처리 속도 비교. (출처: 블록스트림)

이에 비트코인 거래를 100번 한다고 치자. 라이트닝 네트워크에서 100번 거래한 다음 최종 정산해 둘이 얼마를 거래했는지 비트코인 네트워크에 전송하는 식이다.

이렇게 하면 메인 네트워크에서 장부를 업데이트할 때 발생하는 수수료를 한 번만 내면 된다. 둘 사이에 수백 차례 거래해도 사실상 수수료 없이 거래할 수 있게 되는 것이다. 메인 네트워크에 주는 부담도 줄일 수 있다. 속도도 '라이트닝'이라는 이름에 어울리게 번개처럼 빠르다.

비트코인 관련 기술 개발사 블록스트림Blockstream의 연구 결과에 따르면 현재 라이트닝 네트워크의 초당 처리 건수TPS는 4,000만 건에 달하며, 이는 비자카드초당 2만 4,000건보다 약

미국에서 보낸 비트코인을 폴란드 브로츠와프의 비트코인 ATM 기계에서 3분 만에 폴란드 화폐로 인출한 알레나 보로비오바. (출처: CNBC)

1,660배 빠른 수준이다. 겨우 초당 193건을 처리하는 페이팔에 비해서는 거의 20만 배나 빠를 만큼 압도적인 처리 속도를 자랑한다.

미국의 CNBC 방송에서는 2022년 4월 3일 라이트닝 네트워크가 실제로 잘 작동하는지 확인하는 차원에서 재미있는 실험을 진행했다. 미국에 있는 기자가 폴란드에 거주하는 알레나 보로비오바에게 비트코인을 전송해본 것이다. 알레나 보로비오바의 휴대전화에 비트코인 지갑을 다운로드하고, 라이트닝 네트워크를 통해 미국에서 폴란드로 비트코인을 전송했다. 그가 폴란드 브로츠와프에 있는 비트코인 ATM 기계에서 폴란드 현지

화폐로 인출하는 데는 3분도 채 걸리지 않았다.

알레나 보로비오바는 고향인 우크라이나가 러시아에 침공당하기 전까지는 비트코인에 대해 한 번도 진지하게 생각해본 적이 없었다고 한다. 그러나 하늘에 포탄이 날아다니고 국경이 닫혔다. 우크라이나 전역의 은행과 ATM에서 현금이 떨어지고 중앙은행이 모든 온라인 결제와 송금까지 막아버리자 대책을 찾을 수밖에 없었다. 이제 그는 비트코인과 라이트닝 네트워크를 통하면 은행, 신용카드 등 기존 금융 인프라를 전혀 거치지 않고도 금융거래를 계속할 수 있다는 사실을 안다.

결제 네트워크 패러다임의 변화는 진행 중

지난 2월 1일 페이팔은 작년 4분기 실적을 발표했다. 매출액은 69억 2,000만 달러로 시장 예상치인 68억 9,000만 달러를 소폭 웃돌았다. 하지만 주당 순이익은 1.11달러로 시장 예상치인 1.12달러에 못 미쳤다. 올해 예상 실적도 실망스러웠다. 시장 전망치는 5.25달러였는데 페이팔은 예상 주당 순이익을 4.60~4.75달러로 발표했다. 예상 신규 가입자 1,500만~2,000만 명도 월가 예상치인 5,300만 명을 훨씬 밑도는 수준이었다. 어닝 쇼크*에 시장은 곧바로 반응했다. 페이팔 주가는 다음 날

❖ Earning Shock, 기업이 실적을 발표할 때 시장에서 예상한 것보다 저조한 실적을 발표하는 것.

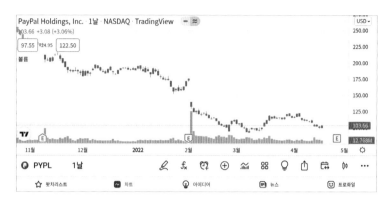

페이팔 홀딩스 주가 추이. (출처: 트레이딩뷰)

24.6% 폭락했고 지금까지도 회복하지 못하고 있다.

페이팔의 실적 성장세가 둔화하는 이유는 뭘까? 아크인베스트ARK Invest의 설립자 캐서린 우드는 답을 알고 있는 듯하다. 2022년 4월 8일 미국 마이애미에서 성황리에 끝난 '비트코인 2022'에서 캐서린 우드는 페이팔 보유 지분을 모두 처분했다고 밝혔다. 그는 페이팔이 아니라 비트코인 라이트닝 네트워크를 활용한 캐시앱Cash App이 결국 승자가 될 것이라고 예상했다.

블록사가 운영하는 캐시앱은 미국과 영국에 7,000만 명 상당의 개인과 오프라인 소매점 고객을 거느린 모바일 간편결제 서비스 앱이다. 트위터 창업자인 잭 도시가 이끌고 있으며, 그가 트위터 대표직을 완전히 내려놓고 블록 경영에만 집중한 이후부터는 더욱 적극적으로 비트코인을 도입하고 있다. 캐시앱은 지난 1월 12일 라이트닝 네트워크를 연동했다. 이 덕에 캐시앱 사용자는 전 세계 누구에게든 거의 실시간으로, 그것도 무료로 비트코인을 보낼 수 있게 되었다.

금융의 탈물질화

최근 들어 페이팔 순이익이 감소하고 주가가 폭락하는 이유는 변화에 적응하지 못하고 있기 때문이다. 블록처럼 중간자를 없애 자유로운 결제와 송금을 할 수 있는 비트코인이나 라이트닝 네트워크로 기초 인프라를 이전하는 기업이 늘고 있다. 돈이 이동하는 과정에 빽빽하게 들어선 중간자들이 앞으로 점점 없어지게 될 것이라는 컨센서스구성원들의 합의가 시장에 형성되고 있는 것이다. 그런데 페이팔은 아직 전통 인프라에 남아 허우적대고 있다.

"돈은 순수한 정보의 형태로, 광속으로 전달될 수 있는 전자 비트로 변해가면서 빠르게 물질성을 벗어던지고 있다. 새로운 사이버스페이스 경제에서는 돈의 탈물질화가 두드러지게 나타난다. 뉴욕에서만 하루에 1조 9,000억 달러가 넘는 돈이 전자 네트워크로 거래되고 있다."

미래학자 제러미 리프킨이 2000년에 출간한 『소유의 종말』에 나오는 내용이다. 출간한 지 21년이 지난 이 책에서 이미 돈의 탈물질화Dematerialization를 예견했다는 사실이 놀랍다. 그가 비트코인의 등장까지 예상했는지는 모르겠다. 나카모토 사토시가 2009년 세상에 공개한 비트코인은 돈을 순수한 정보의 형태로 전달할 뿐만 아니라 은행, 신용카드 등 물리적 중간자들까지 없는 안전하고 튼튼한 네트워크이다.

반면 페이팔을 이용하여 돈을 보내면 마치 돈이 페이팔 안에서 즉각 보내진 것처럼 보이지만 사실상 옮겨진 것은 스크린에 보이는 숫자일 뿐이다. 실제 돈은 페이팔 → VAN 사업자 → 신용카드사 → 은행을 거쳐 다시 수신자 국가의 페이팔 → VAN 사업자 → 신용카드사 → 수신자 은행으로 옮겨지는 복잡한 과정을 거친다. 단계가 많으면 당연히 그만큼 수수료가 붙고 속도도 느릴 수밖에 없다.

페이팔을 비롯한 해외송금 서비스의 최대 단점은 한계를 극복할 수 없다는 것이다. 사용자에게 건당 3~4%씩 수수료를 떼어갈 수밖에 없다. 사용자의 이름, 주소, 생년월일, 납세자 식별번호 등을 모두 받아놓았다가 신원인증을 마친 사람에게만 인출을 허락해야 하는 점도 불편하다. 이런 만성적인 불편함의 고리를 끊을 수가 없다.

반면 알레나 보로비오바의 실험에서 보았듯이 비트코인과 라이트닝 네트워크를 통한 송금은 금액에 상관없이 거의 무료이다. 3분도 기다릴 필요 없이 눈 깜짝할 새 송금이 완료된다. 복잡한 신원인증 과정과 신용카드 등록도 필요 없다. 송금 과정에 가득 들어찬 중간자가 없기 때문에 훨씬 깔끔하게 거래할 수 있다.

더욱 기대되는 점은 라이트닝 네트워크가 계속 진화하고 있다는 사실이다. 2022년 4월 5일 라이트닝 네트워크 개발사 라이트닝 랩스Lightning Labs는 라이트닝 네트워크 위에서 달러 기반 스테이블 코인으로 거래할 수 있는 타로Taro: Taproot asset representation overlay 프로토콜을 개발 중이라고 발표했다. 간단히 말하면 비트코인 네트워크를 통해 달러를 송금하는 기능이다. 달러가 은행과 신용카드사를 거치지 않고 움직이는 세상이 성큼 다가왔다.

달러뿐만 아니라 모든 통화와 자산을 비트코인 네트워크에서 거래하는 세상이 온다면 어떨까? 우리는 생각보다 가까운 미래에 브레턴우즈 체제 이후 70년 만에 달러 기축통화 체제가 막을 내리고 '비트코인 스탠더드Bitcoin Standard, 비트코인이 전 세계 기축통화인 세상'가 도래한 세상을 목격하게 될 수도 있다.

—

Chapter 4

웹 3.0
애플리케이션

국내 블록체인 업계에서는 네트워크로서 비트코인이 지닌 가능성이 거의 논의되지 않고 있다. 인터넷과 IT에 정통한 지식인들 사이에서는 오히려 구식이고 한물간 코인일 뿐이라고 비난하는 인식이 크다. 비트코인의 가치를 인정하는 투자자들 사이에서도 비트코인은 투자자산이자 가치 저장 수단으로 이해하는 수준에서 사고 프로세스가 끝나는 경우가 많다. 그도 그럴 것이 앞서 소개한 라이트닝 네트워크조차도 아직은 국내에서 서비스를 제공하지 않아 누구든 관심을 가질 기회조차 없는 상황이다.

비트코인 네트워크 기반 앱들의 등장

요즘 인기를 끌고 있는 웹 3.0 프로젝트는 대부분 이더리움 기반으로 만들어지는 추세이다. 일부 프로젝트는 자체 메인넷*을 직접 만들기도 하고 다양한 이해관계에 따라 바이낸스 스마트 체인, 카르다노, 솔라나 등 '이더리움 킬러'라 불리는 3세대 레이어1 블록체인을 이용하기도 한다.

그런데 요즘 미국과 유럽에서는 비트코인 네트워크를 이용하는 서비스, 즉 비트코인 앱이 끊임없이 등장하고 있다. 이러한 비트코인 앱은 비트코인의 레이어2인 라이트닝 네트워크 위에서 프로그램을 구동시키기 때문에 비트코인 네트워크의 레이어3라고 불린다. 비트코인 레이어3가 등장하자 이더리움을 포함해 많은 알트코인의 입지가 점점 좁아지고 있다.

비트코인 레이어3에서 작동하는 앱이 늘어나고 개발이 가속화되면 이더리움의 핵심 기능이었던 'ERC-20 기준 토큰 발행과 스마트 컨트랙트'가 비트코인 네트워크상에서 앱으로 대체될 수 있다. 그러면 암호화폐 생태계에 엄청난 변화가 일어날 것이다.

그렇다면 레이어3는 무엇일까? 바로 레이어2의 기능을 응용한 앱들이다. 단순히 비트코인의 결제를 빠르게 해주는 기능을

❖ Mainnet, 기존에 있던 플랫폼을 활용해서 구현된 토큰이 독립된 자체 플랫폼을 구축하고 새롭게 생태계를 구성하는 것.

넘어서 라이트닝 네트워크의 빠른 전송 속도를 자유자재로 사용할 수 있도록 응용하는 것이다. 예를 들면 내가 누군가와 줌Zoom이나 구글미트Google Meet로 화상회의를 한다고 할 때, 두 사람은 줌과 구글이 보유한 서버를 매개체로 영상과 음성 데이터를 교환하며 영상통화를 한다. 라이트닝 네트워크상에서도 이런 영상통화 기능을 그대로 재현할 수 있게 되는 것이다.

다만 줌이나 구글미트처럼 특정 기업이나 정부가 관리하는 중앙 서버가 아니라 전 세계에 퍼져 있는 불특정 다수의 라이트닝 네트워크 노드가 서버 역할을 대체한다는 점에서 진정한 '개인과 개인 간 인터넷'이 가능해지게 된다. 바로 웹 3.0 세상이 본격적으로 열리는 것이다.

비트코인 레이어3 앱은 지금 우리가 인터넷에서 사용하는 대다수 앱의 기능을 그대로 재현할 수 있다. 카카오톡 같은 채팅 앱부터 페이스북과 트위터 등 소셜 미디어, 유튜브 같은 동영상 스트리밍뿐 아니라 심지어 넷플릭스 같은 OTT까지 만들 수 있다. 나중에 스마트 컨트랙트 기능이 있는 레이어까지 추가되면 현재 대부분 이더리움 블록체인 위에 구현된 디파이까지 비트코인 레이어3 위에 만들 수 있게 된다.

비트코인 레이어3 앱에서 비트코인은 어떤 식으로 활용될까? 일단 라이트닝 네트워크를 통한 코인 전송 기능을 적극적으로 활용할 수 있다. 예를 들면, 게임 내 아이템을 비트코인으로 구매한다거나 아예 게임 속에서 사용되는 화폐 자체를 비트코인으로 만드는 것이다. 인스타그램 같은 SNS에서는 '좋아요'를 누르거나 댓글을 작성할 때마다 보상으로 소정의 비트코인을 지급할 수 있고, 카카오톡 같은 채팅 앱에서 친구와 대화하면서 실시간으로 비트코인을 주고받을 수 있으며, 동영상을 플레이한 시간만큼 크리에이터에게 자동으로 비트코인을 송금할 수 있는 기능 등이 포함될 수 있다.

그중에서도 비트코인 네트워크 레이어3의 핵심 기능은 바로 검열 저항성이다. 비트코인이 현존하는 암호화폐 중 가장 탈중앙화된 블록체인으로서 정부나 기업들의 검열과 규제의 영향에서 자유로운 것처럼, 라이트닝 네트워크도 별도의 운영 기관 없이 완전히 노드들의 자발적인 참여로만 유지되고 운영되기 때문에 특정 그룹의 입맛에 따라 정보를 통제하는 것이 불가능하다. 그러므로 이러한 바탕 위에서 개발된 앱들은 정부나 기업의 검열과 규제를 효과적으로 회피할 수 있게 된다.

비트코인 레이어3에 게임을 만들면 중국 공산당의 게임 규제를 피해 갈 수 있고, 트위터를 만들면 운영 기준을 위반했다는 이유로 계정이 정지되는 일을 피할 수 있고, 카카오톡을 만들면 채팅이나 보이스톡이 도청당하는 것에서 자유로워질 수 있고, 유튜브를 만들면 동영상 내용이 부적절하다며 '노란 딱지'가 붙는 일을 방지할 수 있다.

단순히 비트코인을 화폐로 사용하기 때문에 검열 저항성이 높은 것이 아니다. 네트워크 자체가 특정 그룹의 지배하에 놓여 있지 않기 때문에 누구도 자기 입맛대로 운영할 수 없다는 점이 중요하다. 물론 아직 실용적인 서비스가 나온 단계는 아니지만 라이트닝 네트워크 위에 이와 같은 서비스가 본격적으로 등장한다면, 기존 웹 2.0 생태계에 미칠 여파는 어마어마할 것이다.

도널드 트럼프 당시 미국 대통령과 조 바이든 후보 간 경쟁이 한창 무르익었던 지난 미국 대선 기간에, 보수 지지층 사이에서 팔러Paler라는 SNS 서비스가 인기를 끌었다. 페이스북과 트위터 등 대표 빅테크들이 공화당 정치인들의 포스팅만 의도적으로 검열한다는 이유로 보수 지지자들이 대체재를 찾아 나섰기 때문이다. 약 8,800만 명에 이르는 팔로어를 보유했던 도널드 트럼프 전 미국 대통령의 트위터 계정이 영구 정지당한 사건도 한 몫 했다.

그런데 얼마 후 애플과 구글이 연달아 자사 앱스토어에서 팔러 앱을 삭제한 데 이어 아마존웹서비스까지 팔러의 데이터를 더는 호스팅하지 않겠다고 선언하며, 팔러는 말 그대로 인터넷 공간에서 '퇴출'당해버렸다. 정치적 견해가 맞고 틀리고를 떠나서 빅테크의 이런 행위가 정당한지는 여전히 의문이 남는다. 애플·구글·아마존이 누군가가 자본과 노력, 시간을 쏟아 만든 서비스를 하루아침에 없애버릴 수 있는 무소불위의 권력을 가졌다는 사실이 여실히 드러난 것이다.

만약 라이트닝 네트워크가 마치 iOS 앱스토어처럼 활성화 된다면 이제 이런 식의 규제는 불가능해진다. 네트워크를 소유한 기업이 없기 때문에 검열하고 싶으면 비트코인 네트워크 자체를 셧다운시켜야 한다.

우리나라는 상대적으로 덜하지만, 미국을 비롯한 서양 문화권에서는 표현의 자유를 굉장히 중요시한다. 웹 3.0은 빅테크 플랫폼의 힘이 필요 이상으로 막강해지며 지나친 간섭과 검열을 내세우는 데 대한 반대급부로 나온 것이다. 따라서 전 세계 인구 중 상당수가 라이트닝 네트워크가 가져다줄 수 있는 이점을 놓치지 않을 것이다.

자유주의, 작은정부주의, 시장경제주의와 같이 정부와 국가 권력을 최소한으로 제한하는 사상이 비트코인 지지층의 근간을 이룬다. 비트코인 레이어3는 이러한 사상을 더 많은 사람에게 확장시키고 실제로 실현시키는 데 엄청난 공헌을 할 것으로 예상된다.

앞서 웹 2.0을 다루며 설명한 '승자독식 법칙'은 비트코인에도 그대로 적용된다. 네트워크 효과와 규모의 경제를 이룬 플랫폼은 수확 체증 법칙에 따라 특정 임계점이 지나면 투입하는 비용은 그대로인데 산출물은 기하급수적으로 늘어나게 되고, 결국 후발주자가 더는 쫓아올 수 없는 경지에 이른다. 다만 비트코인 네트워크는 이렇게 독점적 지위를 획득하더라도 권력을 남용하거나 사회적 문제를 야기할 운영 주체가 없다는 점이 다르다.

2022년 4월, 중앙아프리카공화국이 공식적으로 비트코인을 법정화폐로 채택하며 엘살바도르에 이어 전 세계에서 두 번째로 비트코인 법정화폐 도입국이 되었다. 앞으로도 이렇게 비트코인을 화폐로 인정하는 국가가 하나씩 추가되고, 비트코인으로 경제 활동을 하는 인구가 늘어날수록 비트코인 네트워크의 가치는 기하급수적으로 상승하게 될 것이다. 그에 맞춰 라이트닝 네트워크를 활용한 레이어3의 활용 사례도 빠른 속도로 늘어날 것이다.

비트코인 네트워크의 승자독식 현상은 암호화폐 시장에서도 커다란 변수로 작용할 것이다. 왜냐하면 알트코인은 원래 비트코인의 단점을 보완하고자 만들어진 코인인데, 비트코인이 레이어3를 통해 알트코인의 존재 의의를 희석시키게 되면 알트코인에 투자할 이유가 없어지기 때문이다. 물론 앞으로도 한동안 기업과 개인들은 앞선 스마트 컨트랙트 기술과 빠른 속도를 제공하는 이더리움 및 기타 블록체인을 적극 활용할 것이다. 하지만 비트코인 레이어3 생태계가 넓어질수록 말 그대로 '대체 Alternate'가 목적이었던 알트코인은 그 미래가 어두워질 것이다.

현재 비트코인 도미넌스는 약 40%에 달하는데, 만약 비트코인 레이어3 개발이 가속화되고 앱을 만드는 개인과 기업이 본

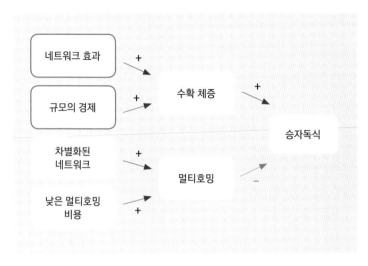

네트워크 효과 +

규모의 경제 +

수확 체증 +

승자독식

차별화된 네트워크 +

멀티호밍

낮은 멀티호밍 비용 +

－

승자독식의 원리. (출처: Organic Media)

격적으로 진출하기 시작하면 비트코인 도미넌스가 어디까지 올라갈지 알 수 없는 노릇이다.

모든 기술은 레이어 구조로 진화한다. 대표적으로 인터넷이 그랬고, 바이오 기술도 그렇다. 비트코인을 단순히 투자자산으로만 치부하면 안 되는 이유이다.

암호화폐 업계의 인플루언서 안드레아스 안토노풀로스는 거의 10년 전부터 비트코인을 '돈의 인터넷Internet of money'이라고 불렀다. 그의 강연 내용을 텍스트로 모아 엮은 베스트셀러 『돈의 인터넷』은 비트코인 입문자에게 필수 도서로 불리고 있다나도 이 책으로 비트코인에 입문했다.

비트코인은 자산이나 화폐이기 이전에 인터넷을 기반으로 한 새로운 기술이며, 그 위에 화폐가 지닌 가치 전달 기능과 금과 같은 안전자산이 지닌 가치 저장 기능까지 있다고 이해하는 게 맞다.

앞으로 비트코인만이 유일한 암호화폐로 남을 것이라고 주장하는 사람들을 '비트코인 맥시멀리스트Bitcoin maximalist'라고 부른다. 암호화폐 업계에서 이들은 보통 편협한 성격과 단순한 뇌 구조를 지닌 탓에 블록체인 기술의 엄청난 가능성을 이해하지 못하는 바보들로 받아들여진다.

물론 실제로 그런 사람들도 있기는 하지만 사실 대부분은 네트워크 효과와 수확 체증 법칙이 승자독식으로 이어지는 기술 발전의 메커니즘을 잘 이해하고 있기 때문에 그렇게 주장하는 것이다. 트위터 창업자이자 블록의 CEO인 잭 도시는 대표적인 비트코인 맥시멀리스트이지만 그가 바보라고 생각하는 사람은 아무도 없을 것이다.

웹 3.0이 나아갈 방향

'웹 3.0'은 요즘 대세 키워드이다. 신문을 읽을 때도 자주 나오고 유튜브에도 관련 콘텐츠를 다룬 영상이 많이 보인다. 최근에는 국내 유명 증권사 리서치센터에서 리포트까지 나오기도 했다. NFT와 DAO의 인기와도 궤를 같이하는 것 같다.

오픈시 거래소에 메타마스크를 연동하여 이더리움을 이용해 NFT 아트를 구입하고, 지인들과 DAO를 만들고 토큰을 발행하여 구입한 NFT 아트의 판매 방법에 투표하는 행위 같은 것들은 실제로 기존의 인터넷 세상에서는 찾아보기 힘든 행동양식이기는 하다.

여기에서 가장 주목할 부분은 바로 투표를 통한 결정이다. 기존의 인터넷에서 사용자가 내릴 수 있는 결정은 극단적으로 말해 특정 서비스를 '쓰느냐 마느냐' 정도로 국한되었다. 일단 쓰기로 했으면 좋든 싫든 해당 웹사이트나 모바일 앱이 내세우는 정책을 수용하고 룰을 지키며 활동해야 했다. 물론 쓰기 싫으면 그만 사용할 자유야 얼마든지 있다.

그러나 네트워크 효과 때문에 그마저도 쉽지 않다. 간단히 설명하면 내 주변 사람들이 모두 그 서비스를 쓰고 있으니 나도 써야만 하는 상황을 말하는 것이다. 카카오톡이 아무리 쓰기 싫다고 한들 우리나라에 살면서 쓰지 않을 방법이 있을까? 남들은 다 카카오톡을 쓰는데 나 혼자 왓츠앱이나 라인 메신저를 쓰면 남들과 메시지를 주고받기가 불편하다.

반면 웹 3.0에서는 유저가 스스로 결정을 내릴 수 있는 영역이 더 많다. 메신저 서비스도 이제 더는 자기가 원하지 않는 서비스를 울며 겨자 먹기로 사용할 필요가 없다. 남들과 메시지를 주고받는 공간이 특정 기업이 제공하는 '플랫폼'에서 '블록체인 네트워크'로 이전되었기 때문이다.

블록체인 네트워크는 지금 우리가 쓰는 TCP/IP 기반 인터넷처럼 인프라 역할을 하는 공간이라고 보면 된다. 다만 이곳에서는 정보가 이동하고 저장되는 방법이 조금 독특하다.

카카오톡의 경우 자체 데이터 센터를 구축하여 그곳에 고객 정보를 저장하고 유저들 간에 주고받는 메시지 정보를 자체 서버 내에서 이동시킨다. 그러나 블록체인은 특정 기업이 아닌 네트워크 참여자들이 메시지를 공동으로 저장하고 다 함께 공유하는 방식으로 정보가 이동한다.

그러니 이론적으로는 카카오톡처럼 정보를 모아주고Mobilize 처리해주고Process 보여주는Visualize 플랫폼이 필요하지 않다. 정보가 모이고 처리되는 것은 블록체인 내에서 이미 끝나기 때문에 마지막에 보여질 정보이 경우엔 타인이 보낸 메시지를 사용자의 스크린에 띄워주는 정도의 서비스만 있으면 되는 것이다.

인간은 정말 순종적일까

이와 같은 웹 3.0에 대한 설명에 으레 따르는 걱정은 '불편하다'는 것이다. 지금 우리가 사용하는 인터넷 세상이 이렇게까지 발전할 수 있었던 배경에는 FAANG으로 대표되는 혁신적인 기업들이 있었던 것이 사실이다. 인터넷 기업들은 '고객의 불편함을 해소한다'는 단 한 가지 숭고한 목표를 가지고 서비스를 만든다. 불편함이 해소되려면 불필요한 과정이 최대한 제거되어야 하는 것이 당연지사이다.

회원가입을 진행하는 과정에서 고객이 총 4번 클릭해야 한다면 이를 2번으로 줄이는 것, 특정 화면으로 가기 위해 총 5개 페이지를 지나야 한다면 이를 1개 페이지로 줄이는 것이 기업들이 하는 일이다. 기업은 고객이 느끼는 불편함을 해결하고자 끊임없이 코드를 고치고 서비스를 업데이트한다. 바로 이 과정에서 혁신이 발생하고 고객이 감동하는 '아하 모멘트'가 탄생하는 것이다.

그러나 이 과정에서 부작용이 생기기도 한다. 극단적인 편함을 추구하는 과정에서 사용자의 자유와 권리를 필요 이상으로 침해하는 경우이다. 이유 없이 계정이 정지되거나 열심히 만들어 올린 동영상 콘텐츠가 '노란 딱지'를 받는 것 등이 포함된다.

애초에 이념이나 정치적 견해는 뭐가 맞고 뭐가 틀린지 판단하기 힘든 영역이지만 요즘 유튜브나 트위터 같은 플랫폼들은 이런 주관적인 가치판단에 적극적으로 나서고 있다. 그러면서도 정확한 기준이나 설명 없이 '당사의 커뮤니티 운영 기준을 위배했습니다'라고만 안내해서 사용자의 불만이 쌓이고 있다.

나는 회사에서 마케팅을 담당하다 보니 다양한 고객을 접하는데, 요즘 소비자는 예전에 비해 순종적이지 않다는 것을 느낀다. 편함과 혁신성에 무조건적으로 열광했던 웹 소비가 이전까지의 트렌드였다면, 지금은 훨씬 더 자기중심적으로 사고와

판단을 하는 것이다.

한번은 최근 결혼한 친구 부부의 신혼집에 놀러 가서 화장실에 들렀다가 놀라운 광경을 보았다. 화장실 한쪽에 지방의 소규모 회사에서 만든 다양한 수제 비누가 쌓여 있었다. 그중에는 마트에서 파는 일반 비누보다 열 배나 비싼 비누도 있었다. 호기심이 발동해서 왜 이렇게 비싼 수제 비누를 잔뜩 사놓았느냐고 친구에게 물었다. 그는 잠시 생각하더니 이렇게 말했다.

"딱히 이 브랜드를 엄청 좋아하는 건 아닌데 이 브랜드를 만든 사람이 좋더라고. 우리 고향에 건강하고 지속 가능한 비즈니스를 구축해야겠다고 하면서 환경에도 신경을 쓰기 때문에 꼭 지역에서 자연 친화적으로 생산한 재료만 사용한대. 사장님이 우리 지역을 더 살기 좋은 곳으로 만들고 싶어 하니 그분이 무얼 만들든 도와주고 싶었어."

그의 간단한 말에 심오한 아이디어가 담겨 있었다. 오늘날 비즈니스의 의미가 무엇인지를 다시 한번 생각할 수밖에 없게 만드는, 대격변의 근본 원인 말이다.

요즘 소비자는 순종적이지 않다. 주위를 둘러보면 집 거실에 텔레비전이 없다는 사람이 많이 늘었다. 어차피 텔레비전 영상은 유튜브에서 '짤'로 찾아서 보고, 영화는 넷플릭스에서 골라 보며, 라디오는 팟캐스트에서 골라 들으니 굳이 거실에 텔레비전을 둘 필요가 없는 것이다. 게다가 컴퓨터에는 브레이브 브라우저를 설치해서 광고를 차단하고, 인터넷 활동 기록을 남기지 않는 토르Tor 브라우저를 사용하여 개인 프라이버시까지 챙긴다. 바야흐로 개인과 개성이 주목받는 시대인 셈이다.

웹 3.0은 바로 이런 사람들을 위한 세계이다. 참여자 개인의 주권, 즉 시민권Citizenship을 무엇보다 중요한 가치로 받아들인다. 정부기관이나 서비스 개발사가 사용자를 위해 귀찮은 과정을 모두 대신해주는 곳은 웹 2.0 세상이다. 어느 세상에 더 발을 깊이 들이고 살지는 개인의 가치판단에 따라 정하면 된다. 다만 웹 3.0을 이용하려면 불편할 수밖에 없다는 점을 받아들여야 한다. 특히 암호화폐와 블록체인으로 이루어진 네트워크에서는 '코드가 곧 법'이라는 독특한 룰이 존재한다.

카카오톡은 회사에서 직접 데이터를 독점하고 사용자 반응을 살피며 끊임없이 앱을 업데이트해주는 서비스이다. 불편한 부분을 빨리빨리 개선해주니 편하지만, 그럴수록 점점 더 그 안에 종속될 수밖에 없다는 단점이 있다. 반면에 블록체인은 참여자 간의 합의에 따라 네트워크가 유지되기 때문에 원천적으로 업데이트를 자주 할 수 없다. 문제가 발생해도 빨리빨리 해결되지 않는 것은 불편하지만 그 대신 내 주관을 지키며 자유롭게 생활할 수 있다.

따라서 웹 3.0 세계의 기본적인 문화는 '직접 조사하라DYOR: Do Your Own Research'이다. 사용자에게 높은 자기 책임이 요구되는 것이다. 블록체인 네트워크에서는 코드에 문제가 있더라도 쉽게 업데이트하기 어려우므로 자신의 행동에 따른 결과를 다양한 각도에서 고민해보는 것이 중요하다. 대부분 오픈소스 프로토콜이라서 모든 코드가 투명하게 공개되어 있기도 하다. 개발 언어를 모르더라도 커뮤니티에서 코딩을 잘 아는 사람에게 물어보는 등 본인의 의지에 따라 얼마든지 사전에 알아볼 수 있다.

만약 지금 웹 3.0을 테마로 영업 중인 서비스가 편한 사용성, 빠른 속도, 문제가 생겼을 때 해결해줄 운영진과 같은 플랫폼적인 특성을 먼저 내세우고 있다면, 실제로는 웹 3.0이 아니라 그저 마케팅 수단으로 활용하고 있을 가능성이 크다. 플랫폼과 웹 3.0, 둘 중 하나를 선택하지 않고 중간에 애매하게 걸친 서비스는 아마 오래 살아남지 못할 것이다.

웹 3.0의 기반이 되는 블록체인 네트워크는 보수적으로 발전해야만 한다. 코드가 곧 법이기 때문에 밥 먹듯이 코드를 갈아엎어서는 곤란하다. 누구나 쉽게 이해할 수 있는 간결한 코드여야 하고, 그것을 바꾸기가 매우 어려워야 한다. 법학에 적용되는 '법은 최소한이다'라는 기본 사상이 여기에도 적용되어야 하는 것이다.

탈중앙성과 분산된 권력을 제일 가치로 삼고 보수적인 속도로 발전하는 프로토콜 가운데 으뜸은 단연 비트코인이다. 물론 비슷한 속성을 지닌 다른 것이 등장할 수 있다. 하지만 이미 비트코인이 지닌 네트워크 효과와 승자독식 메커니즘 때문에 제2, 제3 프로토콜의 존재가치는 점점 희미해질 것이다. 이것이 내가 앞으로 비트코인 네트워크가 웹 3.0의 주역이 되리라 예상하는 이유이다.

사실 하루가 멀다 하고 터지는 디파이, NFT, DAO 관련 해킹 뉴스를 보면 안타깝다. 거기에서 낭비되는 리소스를 비트코인 기반 웹 3.0을 구축하는 데 썼다면 훨씬 좋았을 것이다. 1990년대 닷컴 기업들이 너도나도 자체 인트라넷을 만들어 출시하며 자원을 낭비한 것과 비슷한 패턴으로 보인다.

약간 돌아가고 있지만 웹 3.0 세계는 곧 우리 곁에 다가올 것이다. 비트코인, 라이트닝 네트워크, 탭루트Taproot, 타로를 미리 공부해놓기를 추천한다. '나'라는 개인의 주권을 유지하면서도 다른 이와 정보를 교류하고 조화롭게 살 수 있는 인터넷 세상을 남보다 먼저 맞이하게 될 것이다.

비트코인 레이어3의 진화

임퍼비어스 AIImpervious AI는 비트코인 네트워크를 이용해 P2P 인터넷을 구현한다는 목표를 가진 미국의 스타트업이다. 이 회사는 2021년 말 비트코인 라이트닝 네트워크의 프로그래밍 레이어 역할을 하는 API를 출시해 라이트닝 네트워크에 P2P 통신 및 데이터 전송 기능을 추가하여 유명해졌다. 즉, 원래는 'A가 B에게 비트코인 몇 개를 보냈다'는 정도의 정보만 이동하던 라이트닝 네트워크에 다른 형태의 데이터도 이동할 수 있는 기능을 추가한 것이다.

임퍼비어스 AI 홈페이지에 들어가 보면 자신들이 그리는 웹 3.0 세상이 이미지로 나타나 있다. 가장 밑에 비트코인이 있고 그 위에 라이트닝 네트워크, 그리고 그 위에 임퍼비어스가 구축한 레이어3가 있고 그 위에 다양한 건물이 있다.

지난 4월, 미국 마이애미에서 개최된 '비트코인 2022' 콘퍼런스에서 임퍼비어스 AI는 올해 2분기에 공개할 비트코인 네트워크 전용 인터넷 브라우저 일부를 공개했다. 체이스 퍼킨스 CEO가 직접 무대에 올라 시연 영상과 함께 브라우저 기능 두 가지를 소개하자 청중에게서 감탄이 쏟아졌다.

한 가지는 여러 사람이 문서를 공동으로 작성하고 편집할 수 있는 라이브 독스Live Docs 기능이다. 구글에서 제공하는 구글 독스Google Docs와 비슷하다고 생각하면 된다. 구글 독스에서 작성

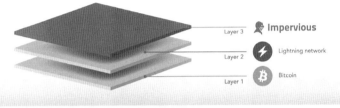

임퍼비어스 AI가 그리는 웹 3.0 세상. (출처: impervious.ai)

한 문서는 구글의 서버에 저장되지만 라이브 독스에서 작성한 문서는 어디에도 저장되지 않는다. 오직 문서 작성에 참여한 사람들끼리만 라이트닝 네트워크를 통해 직접 데이터를 주고받기 때문에 중앙 서버에 저장할 필요가 없다. 특정 기업에 나의 신상정보, 문서 접근권한, 문서 내용 데이터를 모조리 맡기지 않아도 얼마든지 다른 사람과 함께 문서를 작성하고 편집할 수 있다는 장점이 있다.

다른 한 가지는 미팅Meeting이라는 실시간 영상통화 기능이다. 코로나 이후 회사에서 특히 많이 사용하는 줌이나 구글미트와

체이스 퍼킨스 CEO가 직접 무대에서 라이브 독스 시연 영상을 소개하는 장면. (출처: 비트코인 2022 콘퍼런스)

비슷하다고 보면 된다. 이 역시 특정 기업이 소유한 별도 서버를 통해 영상 데이터가 전송되는 것이 아니라, 화상 채팅에 참여한 두 사람 간에 개설된 라이트닝 네트워크 채널을 통해 영상 데이터가 오가기 때문에 줌이나 구글미트 없이도 자유롭게 영상통화를 할 수 있다. 영상 데이터 전송은 실시간으로 이뤄지며 통화 종료와 동시에 어디에도 저장되지 않고 사라지므로 프라이버시 강화에 탁월하다.

물론 지금 줌이나 구글미트를 사용하는 데 특별히 불편함을 느끼지 못하는 사람도 많을 것이다. 자신의 신원정보나 영상통화 기록이 기업이 소유한 서버 어딘가에 저장되는 것에 딱히 불만이 없을 수도 있다. 굳이 개인 대 개인 간 영상통화가 왜 필요한지 모르겠다고 생각하는 것도 이해는 된다. 기업들이 막강한

임퍼비어스 AI가 공개한 '미팅'을 통한 실시간 영상통화 장면. (출처: 비트코인 2022 콘퍼런스)

플랫폼 파워를 가지고 독과점을 누린들 그게 나와 무슨 상관이란 말인가?

전 세계에서 가장 빨리 초고속 인터넷망이 깔렸고 전 국민 스마트폰 보급률이 90%를 넘는 우리나라에서는 쉽게 공감하기 어려울 수도 있다. 그러나 세상에는 정부의 검열을 피할 수 있는 P2P 인터넷이 꼭 필요한 지역이 아직도 많다. 너무나 많은 사람이 자유롭게 인터넷을 사용할 수 없는 환경에서 살고 있다.

간단한 예로 중국에서는 구글, 페이스북, 인스타그램, 유튜브 등 거의 모든 미국 IT 서비스를 이용하는 데 제한이 있다. 러시아는 최근 우크라이나를 침략하는 바람에 강도 높은 서방의 제재를 받고 있으며, 북한은 오래전부터 외부와 모든 연결이 차단된 대표적인 인터넷 소외지역이다. 이 외에도 미국과 정치적·군

사적 긴장 상태에 놓여 있어 미국의 인터넷 기업이 진출하지 못하는 곳도 많다.

그런 지역의 국민에게 정부의 검열에서 자유로운 P2P 인터넷은 어떤 의미일까? 돈을 벌기 위해 외국에 나간 가족과 영상통화를 할 수 있고, 필요할 때마다 자유롭게 돈비트코인을 주고받을 수 있다면 얼마나 좋을까? 우리가 지금 당연시하며 사용하는 기술과 문명이 제대로 닿지 못한 곳이 지구상에는 아직도 많이 있다. 그런 지역에 거주하는 사람들에게 정부의 통제와 상관없이 독립적으로 운영되는 탈중앙 네트워크와 익명성이 보장되는 P2P 인터넷은 웹 2.0이 끝내 이루지 못한 마지막 미션을 이뤄낼 것이다. 바로 '모두를 위한 인터넷' 말이다.

임퍼비어스 AI가 자사 트위터 계정을 통해 밝힌 계획에 따르면 2분기에 출시될 브라우저가 탑재할 기능은 문서편집과 영상통화에서 그치지 않는다. 미디엄Medium 같은 블로그 기능, 왓츠앱 같은 메신저 기능, 은행과 페이 앱 같은 결제 기능, 통신사 인증 같은 신원인증 기능이 들어갈 것으로 예상된다.

임퍼비어스 AI는 누구나 익명으로 사용할 수 있는 탈중앙 데이터 저장 기능도 내놓겠다고 공언했다. 이를 위해 IPFS라는 기술을 이용한다고 한다. IPFS는 분산형 파일 시스템에 데이터를 저장하고 인터넷으로 공유하기 위한 프로토콜이다. 냅스터Napster, 토렌트 등 P2P 방식으로 대용량 파일과 데이터를 공유하기 위해 사용한다.

　기존 HTTP 방식은 데이터가 위치한 곳의 주소를 찾아가서 원하는 콘텐츠를 한꺼번에 가져오는 방식이었다. 하지만 IPFS 는 데이터의 내용을 변환한 해시 값을 이용하여 전 세계 여러 컴퓨터에 분산 저장된 콘텐츠를 찾고, 찾아낸 데이터를 조각조 각으로 잘게 나눠서 빠른 속도로 가져온 뒤 하나로 합쳐서 보여 주는 방식으로 작동한다. 전 세계 수많은 분산화된 노드들이 해 당 정보를 저장하기 때문에 사용자는 IPFS를 사용함으로써 기 존 HTTP 방식보다 훨씬 빠른 속도로 데이터를 저장하고 가져 올 수 있다.

레드폰과 AMP

　2021년 8월, 임퍼비어스 AI는 해커톤Hackathon 대회를 개최했다. 그리고 참가자에게 임퍼비어스 AI가 제공하는 P2P 인터넷 API 를 이용해 비트코인 레이어3 앱을 만들게 했다. 임퍼비어스는 심 사를 거쳐 1위~10위를 선정한 후 트위터에 공개했는데, 그중 눈 에 띄는 서비스 두 가지를 소개한다.

레드폰

　레드폰Redphone은 라이트닝 네트워크에 참여한 노드들끼리 웹RTCWebRTC라는 프로토콜을 이용해 음성 메시지를 주고받을 수 있게 만든 서비스이다. 라이트닝 네트워크를 통해 전송되는 데이터에 비트코인 대신 음성 데이터를 담는 것이라고 이해하면 쉽다. 레드폰을 이용하면 비트코인과 라이트닝 노드를 운영하는 사람들끼리는 통신사에 가입할 필요 없이 실시간으로 전화통화를 할 수 있다.

기능은 간단한데, 상대방의 노드 ID를 앱에 입력한 후 전화를 걸면 된다. 만약 상대방도 레드폰을 설치했으면 전화가 걸린다. 전화를 받는 쪽은 분당 요금을 비트코인의 소수점을 세는 단위인 사토시Satoshi, 줄여서 Sats라고도 한다로 미리 책정해놓을 수 있다. 첫 60초 통화는 무조건 공짜이고 이후 통화가 지속되는 동안 1분마다 전화를 건 사람의 지갑에 있는 비트코인이 자동으로 차감된다.

만약 레드폰을 통한 실시간 전화통화 기능이 확산된다면 더는 통신사에 가입할 필요가 없게 될 수 있다. 미국에 사는 제임스가 한국에 있는 철수와 통화하려고 카카오 보이스톡에 가입할 필요도 없다. 물론 비트코인과 라이트닝 노드를 운영하는 사람끼리만 사용할 수 있지만, 제3자의 개입이 전혀 필요 없는 완전한 P2P 전화통화 기능은 전 세계의 많은 사람에게 큰 효용가치가 있을 것이다.

AMP

AMPAtomic Multi-path Payment가 무엇인지 설명하기 전에 먼저 라이트닝 네트워크에서 데이터가 어떤 경로로 이동하는지 다시 한번 이해하고 넘어가자.

철수가 영희에게 0.5비트코인을 라이트닝 네트워크를 통해 보내면 이 금액은 현재 라이트닝 네트워크에 접속해 있는 노드들이 열어놓은 '채널'을 통해 운반된다. 각 채널에는 해당 채널을 열어놓은 노드가 예치해놓은 비트코인이 들어 있으며, 라이트닝 네트워크는 0.5비트코인이 지나갈 충분한 금액이 예치된 채널들을 랜덤으로 선별하여 코인을 차례차례 이동시킨다. 따라서 최종 도착지인 영희의 지갑으로 0.5비트코인이 도착할 때까지 총 몇 개 채널을 지나게 될지는 알 수 없지만, 총 수수료는 1~10사토시0.4~0.8원 정도로 미미한 수준이며, 모든 과정은 눈 깜짝할 사이에 이뤄진다.

AMP는 이러한 라이트닝 네트워크의 전송 과정을 더욱 획기적으로 개선한 기술이다. 이해를 돕기 위해 공상과학 영화에 가끔 등장하는 순간이동을 생각해보자. 미래에 과학기술이 발전하여 누구든 A 지점에서 B 지점으로 순간이동을 할 수 있는 세상이 온다면, 그건 우리의 신체가 원자 단위로 쪼개져서 어떤 전자기장을 통과한 후 다시 원래의 신체로 합쳐지는 것을 의미한다.

AMP가 구현하는 기술도 순간이동과 정확히 같은 콘셉트이다. 앞서 0.5비트코인을 전송하는 철수와 영희의 예로 돌아가 보면, AMP는 0.5비트코인을 훨씬 작은 여러 개 단위로 분해하여 수많은 채널로 흩뿌린 후 마지막에 다시 원래의 0.5비트코인으로 합치는 방법으로 코인을 전송한다. 이렇게 하면 라이트닝 네트워크가 굳이 0.5비트코인 이상을 예치해놓은 채널만 선별할 필요가 없기 때문에 단위가 큰 비트코인도 더 빠르고 효율적으로 전송할 수 있다.

임퍼비어스 AI의 해커톤에 참여한 컴퓨터 개발자 앤서니 로닝은 이 AMP 기술을 이용해 라이트닝 네트워크를 통해 대용량 파일을 전송하는 방법을 공개했다. 영화나 드라마처럼 러닝타임이 몇 시간에 이르는 동영상 파일은 크기가 수십 기가바이트 GB에 달하기도 해서 데이터 처리 용량에 한계가 있는 블록체인을 통해 전송하기가 매우 까다롭다. 그러나 AMP 기술을 이용해 파일 데이터를 여러 개로 쪼갠 다음 수십, 수백 개 라이트닝 네트워크 채널로 보낸 후 마지막 도착지에서 다시 합친다면 아무리 큰 파일이라도 보낼 수 있다.

이는 비트코인과 라이트닝 네트워크를 이용한 P2P 실시간 동영상 스트리밍 서비스가 나올 수 있다는 것을 의미한다. 유튜브에서 귀찮은 광고를 5~15초 동안 볼 필요 없이 내가 원하는 만큼 동영상을 본 후 사토시를 내면 된다. 또 원하는 영화나 미드

를 보려고 넷플릭스, 디즈니 플러스, 애플TV마다 모두 계정을
만들고 구독료를 낼 필요 없이 라이트닝 네트워크 노드만 설치
해놓으면 전 세계 어디에서든 원하는 콘텐츠를 볼 수 있다.

팟캐스트 인덱스

우리나라에서는 영향력이 상대적으로 덜하지만 미국에서는
팟캐스트 시장이 굉장히 크다. 이미 미국에서는 팟캐스트 청취
자가 7,000만 명을 돌파했고, 중국에서는 수억 명에 달한다. 동
영상 스트리밍을 유튜브가 평정한 것처럼, 팟캐스트는 현재 세
계 최대의 음원 스트리밍 서비스인 스포티파이Spotify와 애플 뮤
직이 양분하고 있다.

2021년 3월 글로벌 시장조사업체 이마케터eMarketer의 발표
를 보면, 미국 팟캐스트 시장에서 스포티파이의 시장점유율은
41.3%이며 애플뮤직은 23.8%이다. 이들은 모두 유료 구독모델
을 통해 인기 크리에이터와 그들의 콘텐츠를 끌어들이는 전략
을 쓰고 있다. 청취자들은 크리에이터가 정한 월 구독료를 내고
광고 없이 콘텐츠를 듣거나, 일부 무료로 공개한 콘텐츠만 청취
할 수도 있다. 물론 그 대신 광고도 함께 들어야 한다.

팟캐스트 인덱스Podcast Index는 이들 플랫폼이 독점하는 콘텐
츠 영향력을 가져와 다시 크리에이터와 청취자들에게 돌려주기
위해 만들어진 서비스이다. 크리에이터가 자신의 팟캐스트를

완전히 무료로 공개된 오픈소스 인덱스에 올리면, 이 인덱스와 API로 연동된 팟캐스트 앱들이 자동으로 콘텐츠를 등록해준다. 해당 앱에서 청취자가 팟캐스트를 들으면 청취자에게 분당 요금이 사토시 단위로 과금되며, 이 요금은 팟캐스트가 재생된 앱에서 약간의 수수료를 뗀 후 그대로 원작자의 비트코인 지갑으로 들어간다.

팟캐스트 인덱스의 장점은 다양하다. 일단 청취자는 원하는 팟캐스트를 듣기 위해 스포티파이와 애플 뮤직 등 플랫폼마다 계정을 만들고 구독 신청을 할 필요가 없다. 기존에는 흥미를 일으키는 팟캐스트 제목을 발견하고 잠깐만 들어보고 싶어도 지루한 광고를 무조건 한 번은 봐야 하거나 아예 정기 구독을 신청해야 했다. 반면 팟캐스트 인덱스에서는 내가 들은 만큼만 사토시가 자동으로 크리에이터에게 전송되기 때문에 더 효율적으로 콘텐츠를 소비할 수 있다.

크리에이터 입장에서도 자극적인 제목으로 클릭만 이끌어내는 '어그로'보다는 청취자가 더 오래 팟캐스트를 재생하게 만드는 데 초점을 맞출 것이므로 양질의 콘텐츠가 만들어지는 문화를 조성하게 된다.

현재 팟캐스트 인덱스 API에 연동되어 오픈소스 팟캐스트 콘텐츠를 제공하는 앱은 50여 개이다. 그중 파운틴Fountain이라는 앱을 주목해볼 만하다. 이 앱은 라이트닝 네트워크를 지원하

팻캐스트를 듣는 동안 낼 요금을 직접 설정하거나(왼쪽), 후원금과 응원 메시지를 일시 불로 전달할 수도 있다(오른쪽).

는 비트코인 지갑을 연결하여 팻캐스트 재생에 사용할 수 있다. 일부 크리에이터 사이에서 이곳에서 발생하는 수익이 초기 유튜브 광고 수익보다 높다는 소문이 돌면서 최근 인기를 끌고 있다.

이곳에서는 크리에이터가 자신이 만든 콘텐츠의 요금을 직접 설정할 수도 있지만, 청취자가 크리에이터에 대한 팬심을 나타낼 수 있도록 자진해서 분당 요금을 설정해 사토시를 전송할 수도 있다. 팟캐스트를 시작한 지 얼마 되지 않은 크리에이터라면 처음에는 구독자 수도 적고 광고도 잘 붙지 않으므로 수익 구간 까지 시간이 오래 걸리는 게 일반적인데, 파운틴에서는 무료로 팟캐스트를 공개해도 라이트닝 네트워크를 통해 후원하는 방법 이 워낙 간단하고 편해서 더 빨리 수익이 생긴다고 한다.

스핑크스

스핑크스Sphinx.chat는 카카오톡이나 텔레그램과 같은 채팅 기 능을 제공하는 메신저 앱이다. 기존의 메신저 앱과 가장 크게 차별화된 부분은 모든 메시지가 라이트닝 네트워크를 통해 오 가기 때문에 높은 검열 저항성을 지닌다는 점이다. 스핑크스 운 영진을 포함한 특정 기업이 서버를 운영하며 앱상에서 오가는 메시지의 데이터를 관리하는 것이 아니기 때문에 표현의 자유 와 프라이버시 면에서도 큰 장점이 있다.

스핑크스 앱에서는 누구나 트라이브Tribe라고 부르는 일종의 프라이빗 그룹을 만들어 멤버를 초대할 수 있다. 트라이브에 들 어가려면 방장이 사전에 설정한 입장료를 내야 하며, 방에 입장 한 후에도 메시지를 보낼 때마다 약간의 수수료를 내도록 설정 할 수도 있다. 보통 트라이브에 입장하는 데 필요한 비트코인은 1000~2000사토시약 400~800원 정도이며, 메시지를 보낼 때마다 필요한 비트코인은 1~10사토시 정도이다.

입장료야 그렇다 치더라도 채팅에 메시지를 보낼 때마다 비용이 붙는다니 너무하다는 생각이 들 수도 있다. 그러나 이 기능에는 의외로 커다란 장점이 있다. 아마 100명이 넘게 모여 있는 카카오톡 그룹 단톡방을 경험한 사람이라면 누구라도 광고계정의 무단 도배글 공격을 당해보았을 것이다. 이런 광고 계정들은 간단한 코딩으로 만들어진 프로그램을 통해 특정 규모를 지닌 단톡방에 자동으로 잠입해 주기적으로 광고 메시지를 던진다. 그러나 스핑크스에서는 이런 형식의 무단 광고가 원천적으로 차단된다. 트라이브마다 정책이 다르기는 하지만 입장료와 메시지 비용을 설정해놓기 때문에 무작위로 광고를 뿌렸다가는 비용이 눈덩이처럼 불어날 수 있기 때문이다.

스핑크스에는 이 외에도 특별한 기능이 많다. 우선 채팅창에서 다른 사람과 실시간으로 비트코인을 주고받을 수 있다. 친구의 생일을 축하해주며 비트코인을 보낼 수도 있고, 자신은 갈수 없는 콘서트 티켓을 친구에게 양도하며 실시간으로 비트코인을 받을 수도 있다.

아예 자신의 메시지에 가격을 매겨서 내용을 가린 채 올리는 페이드 메시지Paid Message 기능도 있다. 중요하거나 비밀스러운 정보를 담고 있는 메시지는 소정의 비트코인을 전송해야 내용이 공개되는 식이다. 트라이브 안에서 나머지 멤버를 위해 유용한 정보를 제공하며 실시간으로 돈도 벌 수 있으니 일석이조이다. 이런 장점 덕분에 원래 트위터나 유튜브에서 왕성하게 활동하던 크리에이터들이 스핑크스에도 트라이브를 열어 멤버십 대상 커뮤니티 공간으로 활용하는 경우가 늘어나고 있다.

라이트닝 로그인

웹 3.0에서는 웹사이트에 어떤 방식으로 로그인하게 될까? 일반적인 웹사이트 로그인 방식은 먼저 나만의 아이디와 비밀번호를 조합하여 계정을 생성한 후, 접속할 때마다 아이디와 비밀번호를 입력하여 로그인하는 것이다.

요즘은 대부분의 웹사이트에서 '구글 계정으로 로그인', '카카오 계정으로 로그인', '네이버 계정으로 로그인' 등 SNS 로그인 기능을 지원하기 때문에 별도로 해당 웹사이트에 회원으로 가입하지 않아도 기존에 만들어놓은 대형 포털사이트의 계정 정보로 로그인을 할 수 있어 편하다.

웹사이트가 사용자에게 회원가입과 로그인을 요구하는 이유는 사용자 개개인의 신원을 알기 위해서이다. 인터넷은 기본적으로 누구나 익명으로 활동할 수 있는 공간이기 때문에 기업에서는 이름도, 나이도, 사는 곳도 모르는 사람에게 우리 웹사이트에 접속했으니 돈을 내라고 할 수는 없는 노릇이다. 그래서 웹 2.0의 웹사이트들은 회원가입이라는 장치를 이용해 사용자의 신원정보를 빠짐없이 기입하게 하고 서비스를 이용하는 대가로 돈을 내게 한다.

만약 페이스북, 트위터, 카카오톡처럼 무료로 이용할 수 있는 서비스라면 당신이 로그인한 뒤 활동하는 내역이 빠짐없이 기록된다. 그래야 축적된 데이터를 바탕으로 해당 사용자가 좋아할 만한 상품이나 콘텐츠를 알고리즘으로 자동 추천하여 매출을 늘릴 수 있기 때문이다.

반면에 웹 3.0 세상의 기본 사상은 나의 신원정보를 특정 기업에게 넘기지 않는다는 것이다. 신원정보를 제공하지 않고 인터넷상에서 나의 신원을 어떻게 증명할 수 있을까? 내가 현생에서 홍길동이라는 사실은 밝히지 않는다고 해도 인터넷상에서 남과 내가 구별될 수 있어야 서비스에 혼선이 없을 테니 말이다.

현재 암호화폐 업계가 주장하는 웹 3.0에서 가장 일반적으로 사용되는 로그인 방식은 바로 메타마스크 지갑을 연결하는 것이다. 메타마스크 지갑은 한 번 개설하면 오직 사용자 본인만 아는 프라이빗 키와 시드 구문이 발급되기 때문에 이 지갑 주소 자체가 인터넷 세상에서 나만의 고유한 신원이 될 수 있다. 대표적인 웹 3.0 서비스로 일컬어지는 디파이와 NFT 마켓플레이스에서는 대부분 메타마스크 지갑만 연결하면 서비스를 이용할 수 있다.

문제는 메타마스크 자체가 얼마나 신뢰할 수 있는 탈중앙 블록체인 지갑이냐는 것이다. 2022년 3월, 트위터에 갑자기 자신의 메타마스크 지갑에 접속이 안 된다는 제보가 폭증한 적이 있었다. 뒤이어 메타마스크 운영사인 콘센시스Consensys는 자사 블로그에 "메타마스크가 법적인 이유 때문에 특정 지역에서의 접속을 차단하였다."는 공지사항을 올렸다.

콘센시스는 정확히 어떤 지역이 차단되었는지 밝히지 않았지만, 당시 트위터에 올라온 제보들로 미루어보면 베네수엘라 거주자들의 메타마스크 접속이 차단되었던 것으로 추정된다. 콘센시스는 얼마 후 트위터를 통해 "미국을 비롯한 몇몇 국가에서 내려온 금융제재안을 적용하기 위해 몇 가지 기능을 손보던 중 실수로 필요 이상으로 넓은 범위에 접속 차단이 적용된 것을 알게 되었다. 우리가 간과한 부분이고 알게 되어서 다행이다. 잘못된 부분을 파악한 후 바로 조치하여 서비스는 다시 복구되었다."고 밝혔다.

탈중앙 블록체인 지갑이 미국 정부가 내린 조치 때문에, 또는 특정 기업에서 마음대로 차단할 수 있다면 과연 탈중앙화되었다고 할 수 있을까? 메타마스크가 이런 지경이라면 다른 지갑 앱도 모두 마찬가지일 것이다. 그렇다면 사실상 구글 계정을 통해 로그인하는 것과 다를 바가 없다.

라이트닝 로그인Lightning Login은 바로 이런 문제점을 보완하여 좀 더 완벽한 익명 신원으로 웹 3.0 기반 웹사이트에 로그인

라이트닝 로그인 앱의 로그인 페이지.

할 수 있게 해주는 기능이다. 앞에서 다뤘듯, 라이트닝 네트워크는 완전히 탈중앙화된 오픈 네트워크로서 지배력을 행사하는 기업이나 운영 팀이 없다. 그래서 라이트닝 네트워크 기반의 비트코인 지갑은 사용자에게 메타마스크보다 더 완벽한 수준의 자기 주권을 제공한다.

　이 라이트닝 네트워크 기반의 비트코인 지갑들도 메타마스크와 마찬가지로 저마다 고유한 퍼블릭 키와 프라이빗 키를 한 쌍으로 가지고 있다. 라이트닝 로그인은 LNURL 인증LNURL-auth이라는 고유의 인증 프로토콜을 통해 사용자가 보유한 지갑을 이용해 여러 웹사이트에 로그인할 수 있는 기능을 제공한다.

　지금 스마트폰에 주로 사용하는 비트코인 지갑이 설치되어 있다고 가정해보자. 이 지갑이 라이트닝 네트워크 기반 주소 발급을 지원한다면 LNURL 인증도 자동으로 사용할 수 있다. 이제 '라이트닝으로 로그인' 옵션을 제공하는 웹사이트에 접속하여, 스마트폰에 설치된 비트코인 지갑의 카메라 기능을 이용하여 QR 코드를 스캔하면 해당 웹사이트에 익명으로 로그인이 된다. 익명이지만 내가 가진 비트코인 지갑의 고유한 퍼블릭 키 주소로 로그인했기 때문에 웹사이트상에서 확실한 신원도 가질 수 있다.

'라이트닝으로 로그인' 옵션을 제공하는 웹사이트에 로그인하면 해당 도메인에서 계속 사용할 수 있는 고유의 퍼블릭 키가 발급된다.

해당 신원은 동일한 웹사이트를 이용하는 동안 계속 유지되며 얼마든지 반복해서 로그인할 수 있다. 다만 다른 웹사이트에서 해당 신원을 중복해서 사용할 수는 없다. 도메인마다 고유의 퍼블릭 키가 발급되는 구조이기 때문에 다른 웹사이트에 로그인하면 그곳에서만 쓰는 다른 신원이 발급된다. 즉 하나의 계정으로 모든 웹사이트에 중복으로 로그인하는 것이 아니라, 웹사이트마다 고유의 계정이 생성되어 각각 사용할 수 있는 것이다.

라이트닝 기프트

라이트닝 기프트Lightning Gifts는 온라인 비트코인 기프티콘을 생성할 수 있는 웹사이트이다. 기능은 매우 간단하다. 기프티콘에 충전할 금액사토시 단위과 보내는 사람 이름, 메시지를 적은 후 인보이스에 기프티콘을 생성한다. 인보이스에 생성된 비트코인 지갑 주소로 사전에 적은 충전 금액을 전송하면 고유 URL이 생성된다. 선물을 주고 싶은 사람에게 이 URL을 전달하면 된다.

URL을 받은 사람은 비트코인을 수취할 지갑 주소만 간단하게 적어 넣으면 기프티콘에 들어 있는 비트코인을 수령할 수 있다. 선물을 보낸 사람이 기프티콘을 만들 때 기입한 보낸 사람 이름과 메시지도 확인할 수 있다.

라이트닝 기프트의 장점은 라이트닝 네트워크를 이용하기 때문에 수수료가 거의 제로에 가깝다는 것이다. 상대방에게 비트코인을 보내고 싶을 때 지갑 주소를 물어보고, 보낼 때 맞는지 다시 한번 확인하는 등 번거로운 절차를 거칠 필요 없이 간단하게 기프티콘을 만들어서 전달하면 되니 훨씬 매끄럽게 거래할 수 있다.

요즘 '주식 선물하기' 기능을 제공하는 증권사 MTS*가 많은데, 이 기능의 문제는 같은 증권사를 쓰는 사용자에게만 선물할 수 있다는 점이다. 투자가 필수인 시대에 주변 지인들에게 좋은 주식을 선물하는 것은 참 좋은 문화라고 할 수 있다. 그러나 주식

◆ Mobile Trading System, 투자자가 증권회사에 방문하지 않고도 모바일로 간편하게 주식매매 주문을 내는 시스템.

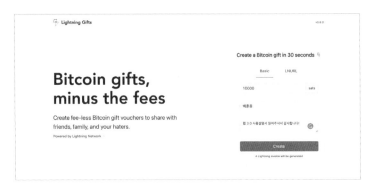

라이트닝 기프트는 자신들의 웹사이트에서 30초 안에 비트코인 온라인 기프티콘을 생성할 수 있다고 소개한다. (출처: lightning.gifts)

이 플랫폼 사이의 장벽을 뛰어넘지 못하는 것은 단점이다. 반면 라이트닝 기프트에서는 전 세계 누구에게든 기프티콘을 보낼 수 있다. 심지어 비트코인 지갑이 아직 없는 사람이나 비트코인에 대해 아예 모르는 초보자라도 먼저 기프티콘 URL을 전달해놓고 나중에 지갑을 만든 후 비트코인을 수령하게 할 수도 있다.

제베디

제베디Zebedee는 비트코인을 도입한 게임을 직접 개발하여 내놓기도 하고, 비트코인의 라이트닝 네트워크를 이용한 게임 플랫폼 민트 곡스Mint Gox 등을 출시하는 등 게임과 비트코인을 결합하는 새로운 플랫폼으로 주목받고 있는 서비스이다. 제베디 앱의 기본적인 기능은 평범한 비트코인 지갑과 유사하다. 다른 지갑과의 가장 큰 차이점은 게임 개발사들과 협업하여 게임 내 재화로 비트코인을 사용할 수 있게 환경을 만들어주고, 제베디 지갑을 연동하여 비트코인 입출금까지 지원한다는 것이다.

제베디가 비트코인 기반 P2EPlay-to-Earn 기능을 제공하는 게임이 점점 늘어나고 있다. 가장 대표적인 것이 온라인 1인칭 슈팅게임의 원조 격인 카운터스트라이크Counter-Strike이다. 제베디는 원래 카운터스트라이크에서 게이머가 헤드샷을 맞추거나 킬Kill 수를 많이 쌓으면 올라가는 게임 내 점수를 그냥 숫자가 아니라 실제 비트코인 사토시로 받을 수 있게 만들었다. 2021년 2월에 진행된 사전 예약에서 10여 개 서버가 모두 가득 찰 정도로 큰 인기를 끌었으며, 지금도 실제 비트코인을 얻기 위해 게임에 접속하는 게이머가 점점 늘고 있다. 플레이어에게 제공되는 비트코인은 광고와 스폰서를 통해 제공된다.

이뿐 아니라 게임 영상을 중계하는 스트리머를 위한 '비트코인으로 팁 받기' 기능도 제베디 앱에서 직접 제공하고 있다. 스트리머가 카운터스트라이크 토너먼트를 중계하는 영상에 '제베디 스트리머'에서 제공하는 URL을 심으면, 중계 화면에 시청자가 실시간으로 비트코인을 후원할 수 있는 QR 코드가 생성된다. 비트코인 후원금은 라이트닝 네트워크로 전송되어 수수료가 제로에 가깝고 곧바로 스트리머의 지갑으로 전송된다.

PART4

웹 3.0에서 돈 버는 방법

Chapter 1

—

아직 완성되지 않은 웹 3.0

내가 처음 직장생활을 시작한 2014년 1월 당시만 해도 서울 신축 아파트 분양가는 4억 원에서 5억 원 수준이었다. 직업만 안정적이면 집값의 70%까지 은행에서 대출을 받을 수 있었다. 지금 들으면 헛웃음이 나올 테지만, 그때도 '이제는 부동산 가격이 정점을 찍었고 내려갈 일만 남았다'고 생각하는 사람이 꽤 많았다. 나 역시 이런 의견에 공감하여 무리해서 집을 사지 않았다.

그런데 당시 직장 상사이던 팀장님은 유난히 부동산 투자에 적극적이었다. 금융결제원이 운영하던 '아파트투유' 사이트에

신규 아파트 분양 공고가 뜰 때면 항상 전체 팀원에게 메일을 보내주고는 빨리 신청하라고 재촉하시곤 했다. 얼마 전 오랜만에 만난 전 직장 동료한테서 그분의 이야기를 전해 들었다. 회사는 퇴사하셨고, 서울과 경기도에 보유한 집이 다섯 채라고 했다. 남들은 어떻게 해서든 진급하려고 발버둥 치고 있을 연말에 유유히 골프를 치러 다닐 그분의 모습을 상상하니 절로 미소가 지어진다.

부의 불평등

전 세계적으로 만연한 집값 상승은 신용 거래와 부채의 엄청난 증가 때문에 벌어진 필연적 현상이다. 2000년대만 해도 전 세계 총부채는 약 62조 달러였고, 전 세계 경제 규모는 약 33조 5,000억 달러였다. 그 후 2018년까지 전 세계 경제 규모가 약 80조 달러로 성장했지만, 같은 기간의 전 세계 총부채는 247조 달러 이상으로 늘어났다. 다시 말해 경제 성장 46조 달러를 달성하려고 부채를 185조 달러나 만들었다는 뜻이다.

지금의 세계 경제는 신용과 부채의 힘으로 쌓아 올린 금자탑이다. 그리고 이 게임의 압도적인 승자는 언제나 자산을 보유한 부자들이다. 2021년 10월 18일 자 CNBC의 기사에 따르면 미국 내 상위 10% 부자가 미국 전체 주식시장 시가총액의 89%를 차지한다. 이는 주식이라는 자산이 그동안 부의 불평등 심화에

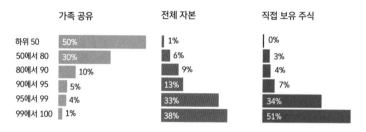

가족 공유	전체 자본	직접 보유 주식
하위 50 **50%**	1%	0%
50에서 80 **30%**	6%	3%
80에서 90 10%	9%	4%
90에서 95 5%	13%	7%
95에서 99 4%	33%	34%
99에서 100 1%	38%	51%

자료: 소비자 재정 조사, 연방준비제도(Fed)

미국의 가구별 순자산 분포. (출처: 뉴욕타임스)

얼마나 중요한 역할을 해왔는지를 단적으로 보여준다.

미국 연방준비제도Fed가 발표한 통계에 따르면 2020년 3월부터 이어진 코로나 팬데믹 기간에 상위 1% 부자는 주식과 펀드에 투자해 총 6.5조 달러에 이르는 부를 축적했지만, 나머지 90% 미국인은 1.2조 달러를 버는 데 그쳤다. 대부분의 미국인은 부자들처럼 주식을 많이 보유하고 있지 않았기에 앉은자리에서 '벼락 거지'가 된 것이다.

어느 사회든 경제적 게임이 소수의 이익만 옹호하고 나머지 다수는 불이익을 당하도록 조작될 때 엄청난 문제가 발생한다. 특히 불이익을 당하는 사람들이 그들이 이길 수 없는 게임을 하고 있다는 사실을 깨달았을 때는 더욱 그렇다.

따라서 지금 사회에 대한 대중의 불만은 선진국보다는 개도국에서, 특히 청년 계층에서 더욱 빠르게 고조되고 있다. 이제

막 대학을 졸업한 젊은이들 사이에는 아무리 노력해도 계층 이동을 할 수 없다는 인식이 팽배해 있다. 거기에 청년실업 문제까지 겹쳤다. 우리나라 청년실업률은 10.1%이며 전체 실업률 대비 2.8배에 달한다. 이는 OECD 국가 가운데 5위 수준이다.

좌절한 청년들은 인터넷 공간에서 사회에 대한 불만을 표출한다. 물론 코로나 때문에 하늘길과 바닷길이 막힌 영향도 있겠지만 지난 몇 년간 유튜브, 틱톡, 트위치 등 신흥 SNS가 그토록 크게 성장한 배경에는 전통적인 방법으로 돈을 버는 데 한계를 느낀 젊은이들의 욕구가 자리하고 있을 것이다.

특히 컴퓨터 게임은 이런 암울한 현실에서 반사이익을 얻은 대표적인 산업이다. 국내 게임사 위메이드의 대표 게임인 '미르4'가 의외로 동남아와 남미에서 선풍적인 인기를 끌고 있다. 게임에서 벌어들인 '흑철'이라는 재화를 위믹스WEMIX 코인으로 교환하여 암호화폐 거래소에서 현금화하는 P2E가 가능하기 때문이다. 극심한 구직난에 시달리는 이 나라의 청년들에게 미르4는 단순한 유희가 아니라 유튜브나 트위치 같은 소득 창출 수단으로 사용되고 있다.

새로운 직업의 등장

미르4보다 먼저 필리핀에서 대박을 터트린 원조 P2E 게임 엑시인피니티AXEIFINITY에는 벌써 이색 직업이 등장했다. 이 게임은 일단 엑시NFT 캐릭터 세 마리를 구매한 다음 게임을 시작할 수 있는데, 엑시 하나당 가격이 수십만 원대여서 돈이 없으면 접근하기가 부담스럽다.

이에 제작사 스카이마비스Sky Mavis는 일명 '스칼러십 제도'를 도입해 사용자가 타인에게 계정을 대여해줄 수 있게 했다. 마치 땅을 구매하여 소작농에게 빌려주고 수확물 일부를 사용료로 받는 지주처럼, 게임 계정을 다른 사람에게 빌려주고 그가 벌어들이는 수익을 나눠 갖는 새로운 직업이 생긴 것이다.

네이버의 유명 메타버스 게임 제페토ZEPETO에는 게임 캐릭터가 입는 의상을 만드는 아이템 크리에이터가 있다. 현실 세계의 패션 디자이너와 같은 직업이다. 제페토 아이템 크리에이터 가운데 상위권을 차지하는 '렌지'의 경우 월 1,500만 원 정도 수익을 낸다고 알려져 있다. 꼭 상위권이 아니더라도 꾸준히 활동하기만 하면 월평균 300만 원 정도는 번다고 하니, 게임에서 버는 돈이라고 무시할 수준이 아니다.

시장은 언제나 최선의 답을 찾는다고 했던가? 영원히 사라진 것만 같았던 계층 이동의 사다리가 어쩌면 인터넷 세상에서 다시 이어질지도 모르는 일이다. 그러나 사실 계층 이동, 경제적 자유, 성공한 삶은 항상 도전에서 비롯된다. 그 공간이 현실이냐 인터넷이냐는 그다지 중요하지 않다.

『열린사회와 그 적들』로 유명한 20세기의 가장 위대한 사상

가중 한 명인 칼 포퍼는 인간의 삶을 문제해결의 연속이라고 정의했다. 모든 인간은 다양한 문젯거리를 안고 살아간다. 주식 가격만 오르면 재산이 몇 배씩 뛰는 부자들이라고 해서 고충거리가 없을까? 아마 대부분이 그 위치까지 오르기 위해 험난한 여정을 지나야 했을 것이다. 전 세계 최고 부자로 등극한 테슬라 CEO 일론 머스크는 일찍이 온라인 금융 서비스 분야를 개척해, 세계 최대의 온라인 결제 서비스인 페이팔을 이베이에 매각함으로써 20대의 나이에 엄청난 부를 거머쥐며 억만장자의 반열에 올랐다. 벌어놓은 돈으로 남은 한 평생 편안히 살 수도 있었지만, 그는 어릴 적부터 꿈꿨던 우주여행과 화성 식민지 개척을 위해 누구도 하려 하지 않는 자신만의 도전을 이어가고 있다. 나는 이를 기업가 정신이라고 부르고 싶다. 기업가들은 이 세상을 앞으로 나아가게 만드는 위대한 사람들이다.

자유시장 경제 시스템에서 계층 이동의 기회는 언제나 있다. 다만 이제는 디지털 전환의 가속화로 인해 많은 기회들이 인터넷 공간으로 옮겨가는 중이라는 점이 이전과 다르다. 우리는 인터넷 세상의 새로운 기회를 잘 이용해야 한다. 그 안에서 새로운 직업을 찾고, 강남 아파트처럼 장기적 부를 축적해줄 자산을 찾아 투자하고, 불확실한 미래에 함께 도전할 마음이 맞는 파트너를 찾아야 한다.

ICO 광풍의 데자뷔

'웹 3.0에서 돈 버는 법'이 곧 '암호화폐로 돈 버는 법'이라고 여긴다면 문제가 될 것이다. 지금 유튜브에서 '웹 3.0에서 돈 버는 법'이라고 검색해보면 디파이, NFT, 메타버스, DAO 등과 관련된 콘텐츠가 수백 개는 나온다. 일반화하기에는 조심스럽지만, 그동안 코인 업계에서 쌓은 경험을 바탕으로 내린 결론은 이런 현상이 2017년 ICO 광풍*과 크게 다를 바 없다는 사실이다.

디파이

디파이는 저마다의 방법대로 수십에서 수백 퍼센트에 이르는, 말도 안 되는 이자율을 제시하며 고객을 끌어모으고 있지만 사실상 전혀 지속 가능하지 않은 폰지** 구조가 대부분이다. 높은 이자율의 원천은 거버넌스 토큰Governance Token이라고 부르는 디파이 자체 토큰이 이자 지급 재원으로 쓰이기 때문이다. 대부분 처음에는 아무 가치가 없는 이 토큰의 지급 증가율을 마치 해당 디파이의 고정 이자 수익률인 것처럼 포장하고는 한다.

◆   2017년 암호화폐 가격이 폭등하면서 불특정 다수에게 신규 토큰을 발행하여 자금을 모집하는 행위인 ICO가 크게 성행했으나 대부분의 토큰이 모집한 자금으로 유의미한 디앱을 만드는 데 실패하며 거품으로 판명 났다.

◆◆ Ponzi, 실제론 아무런 이윤 창출 없이 투자자들이 투자한 돈을 이용해 투자자들에게 수익을 지급하는 방식. 투자 사기 수법의 하나이다.

그러면 이 수익률에 매료된 투자자들이 디파이에 몰리고, 사람들이 많이 쓰는 디파이로 관심 받으며 거버넌스 토큰의 가치가 오른다. 아무 가치도 없던 토큰 가격이 10배, 20배 오르면 소문을 듣고 더 많은 사람이 몰리고, 해당 디파이의 TVLTotal Value Locked, 총 예치자산 규모이 수조 원이라는 언론 기사와 함께 조만간 은행들이 전부 역사의 뒤안길로 사라질 것이라는 '방구석 전문가'들의 분석까지 줄지어 나온다.

그러나 최근 문제가 되어 수많은 피해자를 만들어낸 테라루나코인 사태에서도 알 수 있듯이 이런 구조는 전혀 지속 가능하지 않다. 테라의 알고리즘 스테이블 코인인 UST는 사실상 실생활에서 수요가 거의 없던 코인이다. 이 문제를 해결하려고 등장한 것이 앵커 프로토콜Anchor Protocol이다.

이 디파이 서비스는 19.4% 고정이율이라는 파격적인 콘셉트로 UST의 수요를 가공으로 만들어냈다. 사람들이 몰리자 디파이 예치자에게 이자로 지급하는 비용이 대출자에게서 들어오는 수익보다 월등히 커지면서 적자 구조가 되었지만 '문제없다'며 운영을 계속했다.

UST 가격을 1달러에 고정시키려고 일종의 준비금처럼 사용되는 루나 코인의 가격이 계속 오를 때는 정말 이 구조가 문제없이 돌아가는 것처럼 보였다. 앵커 프로토콜의 고정 이자율을 유지하는 데 필요한 자금을 대는 LFG루나 파운데이션 가드라는 기금이 계속해서 밑 빠진 독에 물을 부어주었다. 그러나 결국 하락장이 찾아오자 곧바로 문제가 드러났다.

루나 코인 가격이 떨어지자 UST 가격도 1달러를 유지하지 못하고 떨어졌고, 신뢰를 잃은 투자자들이 앵커 프로토콜에서 돈을 빼는 탈출 러시가 가속화했다. 그러자 UST와 루나의 가격이 더 떨어지는 죽음의 소용돌이Death Spiral 현상으로 이어졌다. 결국 한때 시가총액이 180억 달러에 달하며 스테이블 코인 순위 3위에 올랐던 UST는 0.3달러까지 가격이 떨어졌고, 10만 원이 넘는 가격에 거래되며 전체 코인 시가총액 9위까지 올랐던 루나 코인은 10원도 안 되는 가격까지 떨어졌다.

NFT

NFT, 그중에서도 미술품 NFT는 그림의 품질이나 작가의 스토리는 뒷전이고 사실상 고도의 마케팅 전략으로 허구의 가치를 만들어낸 뒤 순진한 투자자를 유혹하는 수단으로 전락했다. BAYC와 크립토펑크의 성공을 보고 수많은 PFPProfile Picture, SNS 프로필에 쓰는 이미지 프로젝트가 지금도 만들어지고 있는데, 운영진이 NFT 가격을 띄우는 활동을 해주지 않으면 거래조차 되지 않는 프로젝트가 부지기수이다.

트위터나 디스코드처럼 익명으로 활동하는 SNS에서 모집과 판매가 진행되다 보니 사기 행각도 빈번하다. 비단 판매대금을 가지고 잠적하는 것만 사기인 것은 아니다. 프로젝트 로드맵에 유명 연예인이나 대기업과 협업할 것처럼 적어놓고 정작 NFT 판매가 완료되면 아무것도 하지 않는 '배 째라' 행각도 많다. 모두 2017년 신규 코인 ICO가 성행할 때 흔히 보였던 패턴이다.

메타버스는 어떨까? 암호화폐 산업에서 지칭하는 메타버스는 P2E로 대변되는 'OO하며 돈 버는 세계'이다. 앞서 소개한 위메이드의 미르4와 스카이마비스의 엑시인피니티가 암호화폐와 연동된 대표적인 P2E 게임이다. 한때 미르4에서 채굴한 흑철을 드레이코Draco라는 코인으로 바꾸고 이를 국내 거래소에 상장되어 있는 위믹스 코인을 통해 현금화하는 방식이 게이머들 사이에서 큰 인기를 끌었다. 그런데 이는 흑철 채굴이라는 행위가 자체적으로 큰 수익을 발생시켰기 때문이 아니라 위믹스 코인 가격이 거래소 펌핑으로 크게 상승했기 때문이다.

2021년 초 메타버스가 '매달려서라도 잡아야 하는 버스'로 크게 주목받을 때 위믹스 코인이 가장 큰 수혜를 입어 가격이 올랐을 뿐, 미르4 게임이 지속 가능한 경제를 만들어낸 것은 아니었다. 하락장이 찾아오고 위믹스 코인 가격이 반 토막이 되자 미르4와 P2E에 대한 관심도 차갑게 식고 말았다.

게임에서 쓸 캐릭터를 NFT 형태로 분양받고 이를 키우다가 다른 캐릭터와 교배하는 방법 등으로 가치를 키워 되팔면 큰 수익을 남길 수 있다는 콘셉트로 인기몰이를 한 엑시인피니티 역시 비슷한 길을 걸었다. 처음에는 실제로 큰 수익이 발생하기도 했다. 한때 열심히만 하면 월 100만 원은 기본으로 벌 수 있다는 인식이 퍼지며 필리핀에서는 20대 젊은이들이 대거 엑시인피니티에 뛰어들었다는 언론 기사가 나올 정도였다.

그러나 점점 더 많은 사람이 캐릭터의 가치를 띄울 목적으로만 게임에 들어왔고, 심지어 수수료를 받고 캐릭터를 대신 키워주는 사업까지 성행하면서 자연스럽게 수익성이 감소했다. 전부 캐릭터를 키워 되팔 목적으로만 게임을 하니 캐릭터를 사줄 사람이 없게 된 것이다.

부작용을 앓고 있는 DAO

DAO가 지닌 문제는 더욱 범위가 넓다. DAO는 미리 약속된 프로토콜을 토대로 운영되는 조직이다. DAO는 참여자에게 토큰을 발행해 거버넌스에 참여할 권한을 부여한다. 토큰을 보유한 참여자는 언제 어디서든 실시간으로 안건을 제안하고 투표할 수 있다. 이렇게 통과된 안건은 자동화된 소프트웨어 스마트 컨트랙트로 실행된다.

가장 대표적인 예가 미국 헌법 초판 인쇄본 경매를 위해 만들어졌던 헌법다오Constitution DAO이다. 이 조직은 이더리움을 모금하고 거버넌스 토큰 피플PEOPLE을 발행해 초판본의 관리와 사용 방법 등을 투자자에게 직접 결정하게 했다. 이를 통해 초판본을 박물관에 전시하고 NFT로 만들어 판매한 뒤 수익을 투자자에게 배분할 예정이었다. 비록 이 역시 무위에 그쳤지만 목적부터 계획, 실행까지 DAO의 역사에 한 획을 그었다는 평가를 받았다.

문제는 헌법다오의 '아쉬운 실패'에 고무되어 비슷한 콘셉트로 등장한 많은 DAO가 2017년 ICO 광풍 때와 비슷한 부작용을 앓고 있다는 점이다. 이들은 ICO와 마찬가지로 새로운 토큰을 발행해 운영 자금을 모집한다. 이때 마치 장밋빛 미래가 있는 것처럼 온갖 감언이설로 DAO의 성장성을 홍보해놓고, 정작 자금을 모으고 나면 지갑 통제 권한을 가진 운영진이 몰래 잠적하는 러그풀Rug Pull 사태가 빈번하게 발생하고 있다.

이는 인터넷 공간에서 공통 목적을 달성하려고 모인 사람들의 순수한 마음을 이용한 사기 수법이다. ICO 광풍 때도 이와 비슷한 사기 수법이 횡행했다. DAO 트래킹 웹사이트 딥다오DeepDAO에 따르면 현재 총 4,834개 DAO 조직이 공식적으로 활동하고 있으며, 이들이 모은 자금 규모는 약 11조 원에 달한다. 앞으로 이 중에서 과연 얼마가 '피해 금액'으로 전환될지 알 수 없는 노릇이다.

이렇듯 암호화폐를 이용한 갖가지 사기 행각이 판을 치는 이유는 인터넷이라는 가상공간이 주는 익명성 때문이다. 현실 세계에서 비슷한 행각을 벌였을 때 발생할 수 있는 리스크에 비하면 짊어져야 할 책임의 무게가 덜하다고 느끼는 것이다.

예를 들어 현실에서는 화가 난다고 해서 아무 사람이나 붙잡고 주먹을 휘두르기는 어렵다. 형사처벌을 받게 될 뿐 아니라 사회적으로도 매장당할 수 있기 때문이다. 남에게 고의로 5억 원 넘게 금전적 피해를 주는 경우도 '특수경제가중처벌법'에 따라 형사재판을 받을 수 있다.

그러나 온라인 컴퓨터 게임에서는 남의 캐릭터에게 상해를 입힌다고 해서 검찰에 고발당하지는 않는다. 내 캐릭터가 위험한 행동을 하다가 죽어도 손쉽게 되살아날 뿐 아니라 사실상 무한대로 '부활'할 기회가 주어진다. 어쩌면 암호화폐로 대변되는 웹 3.0 세상에서 디파이, NFT, 메타버스, DAO를 만드는 사람들의 마음가짐도 이와 같아서 사건 사고가 끊이지 않는 것은 아닐까? 실패에 대한 책임과 그에 따른 리스크가 작으니 '잘되면 좋고 안 되면 말고' 식의 태도가 만연한 것이다.

따라서 웹 3.0 세계와 암호화폐에 투자하는 사람들은 현실 세계에서보다 훨씬 더 주의 깊게 투자처를 분석해야 한다. 돈을 넣기 전에 누가 이 프로젝트를 만들었는지, 소유자의 경력을 믿을 수 있는지, 지속 가능한 사업인지, 어떤 메커니즘으로 암호화폐 가격이 오르는지, 언제 수익을 실현하고 나올 수 있는지 따위를 면밀히 따져봐야 한다. 웹 3.0에서 투자자라면 기본적으로 직접 조사하는DYOR 마음가짐을 지녀야 한다.

이어지는 내용은 내가 개인적으로 추천하는 '웹 3.0에서 돈 버는 방법'들이다. 사실 테라루나 사태의 여파로 국내에서만 피해자가 30만 명이 넘는다고 알려진 마당에, 혹여나 여기에서 소개한 '돈 버는 방법'을 '어디에 투자하면 좋다'는 식으로 받아들일까 우려스럽기도 하다.

이후 거론하는 투자 방법과 회사, 서비스는 모두 내가 직접 경험해보고 지금까지 문제가 없었던 것만 추렸다. 그러나 앞날은 누구도 장담할 수 없는 법이다. 이 책을 읽는 독자들은 어딘가에 투자하기 전에 반드시 스스로 꼼꼼히 알아보고 분석해보기를 바란다.

그럼에도 불구하고 다가오는 웹 3.0 시대를 대비하는 차원에서라도 지금 이 세계에서는 어떤 방식으로 경제활동을 할 수 있는지, 그것이 기존 웹 2.0에서의 경제활동과 어떤 면에서 다른지 경험해볼 필요는 있다.

멀어지는 계층 이동의 사다리를 애써 부정하고 현실에서 도피하는 수단으로만 삼는다면 웹 3.0의 미래는 어두울 것이다. 아직 완전하다고 할 수는 없지만 분명 웹 3.0에서는 기존에 없던 독특한 방법으로 돈을 벌 수 있다. 미래학자 앨빈 토플러의 명언을 되뇌어보자.

"젊은 날의 매력은, 결국 꿈을 위해 무엇을 저지르는 것이다."

—

Chapter 2

비트코인
채굴 호스팅

비트코인 '채굴'은 컴퓨터로 복잡한 수학 연산을 풀어 사용자 간 거래내역을 정리하고 그 대가로 신규 생성된 비트코인을 받아 가는 것을 의미한다. 비트코인 네트워크는 새로운 블록이 일정한 속도10분에 1개로 생성되도록 프로그래밍되어 있다. 이 블록 생성 과정에 참여한 수많은 작업자가 경쟁을 벌여 가장 먼저 해시캐시라는 문제를 푼 작업자에게 상금으로 비트코인이 지급되는 것이다. 해시캐시는 특정한 조건을 갖춘 해시를 찾아내는 일련의 과정을 말하며, 이 과정에 참가하여 경쟁하고 비트코인을 대가로 받는 사람을 채굴자 또는 마이너Miner라고 한다.

비트코인 채굴 A to Z

채굴에 동원하는 컴퓨터의 성능이 좋을수록 해시를 찾아낼 확률이 올라간다. 물론 확률이 높아진다고 해서 동일한 채굴자가 항상 보상을 받을 수는 없다. 그래서 채굴자들 사이에서는 10분마다 주어지는 보상을 가져가려는 경쟁이 치열하다.

비트코인 네트워크는 경쟁이 심화해 채굴 속도가 빨라질 것 같으면 채굴자가 풀어야 하는 암호 문제의 난이도를 자동으로 높여 채굴 속도를 늦춘다. 반대로 경쟁이 완화되면 채굴 난이도를 조절해 채굴 속도를 높인다. 이를 '난이도 조절 메커니즘'이라고 하며, 다른 블록체인에는 없는 비트코인만의 특징이다.

이러한 규칙은 비트코인 가격이 급격하게 오를 때 채굴에 과도한 경쟁이 몰려 가장 좋은 컴퓨터 성능을 동원한 채굴자가 모든 보상을 가져가는 부익부 빈익빈 현상을 막아준다. 반대로 비트코인 가격이 내려서 채굴 보상 수익이 낮아질 때는 신규 채굴자가 진입할 요인을 제공한다.

비트코인은 14년 역사를 거치며 가격과 시가총액이 계속해서 상승했기 때문에 현재 채굴 그 자체가 하나의 커다란 산업으로 발돋움한 상태이다. 주로 미국과 캐나다 등 북미 지역에 포진한 대형 채굴기업들은 견조한 실적과 높은 성장성을 바탕으로 다수가 나스닥에까지 상장되어 있다.

채굴기업들의 성장을 견인한 주인공은 다름 아닌 기관 투자가들이다. 지난 몇 년간 비트코인이 매력적인 투자자산으로 부각되면서 개인 투자자의 관심이 높아졌다. 그러자 이들을 고객으로 유치해야 하는 기관들 역시 다양한 방법으로 비트코인 관련 상품을 제공해왔다.

기관에서는 까다로운 컴플라이언스Compliance, 기업의 사회적 책무 조건 때문에 아무 자산에나 투자하기가 어렵다. 그래서 아직 법적 지위가 애매모호한 비트코인을 직접 보유하는 방식보다는 관련 사업을 하는 기업의 주식을 매수하는 등 간접투자 방식을 선호해왔다.

최근 들어 비트코인에 대한 기관 투자가들의 관심이 더욱 늘어났다. 대표적인 비트코인 간접투자 수단으로 사랑받아온 그레이스케일 비트코인 투자신탁GBTC: Grayscale Bitcoin Trust의 인기만 봐도 알 수 있다. 미국의 최대 투자은행 중 한 곳인 모건스탠리Morgan Stanley는 2021년 7월 31일 자사 펀드인 유럽 오퍼튜니티 펀드Morgan Stanley Europe Opportunity Fund를 통해 GBTC 5만 8,116주를 추가 매입하며 보유량을 두 배 가까이 늘렸다고 밝혔다.

또 캐시 우드한국에선 '돈나무 언니'라는 애칭으로 불린다가 이끄는 아크 인베스트ARK Invest 역시 2021년 7월에 GBTC 45만 주를 매입한 것으로 알려졌다. GBTC로 몰려드는 글로벌 기관자금은 비트코인 채굴기업들의 주가 상승과 더불어 글로벌 자산시장에서 비트코인의 높은 인기를 증명하고 있다.

채굴 허브로 부상하는 미국

최근 1년간 비트코인 채굴기업들에 대규모 기관자금이 몰릴 수 있었던 배경에는 중국의 암호화폐 채굴 전면금지 조치가 있다. 중국은 한때 전 세계 비트코인 해시레이트의 75%를 차지할 정도로 채굴산업을 독과점해왔다. 그렇지만 중국 정부의 전방위적인 암호화폐 채굴장 폐쇄조치 이후 영향력이 급격히 줄어들어 현재 0% 수준으로 비중이 낮아졌다.

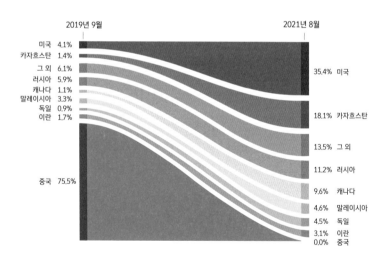

중국의 비트코인 채굴 전면 금지 이후 뒤바뀐 국가별 해시레이트 점유율. 미국이 기존 4%에서 35.4%로 급성장하며 세계 1위에 등극한 반면 중국은 75.5%에서 0%로 하락했다.
(출처: https://www.visualcapitalist.com/sp/after-chinas-crypto-ban-who-leads-in-bitcoin-mining)

반면에 2019년만 해도 전 세계에서 4% 남짓한 해시레이트 비중을 차지하던 미국은 2021년 6월, 중국이 비트코인 채굴을 완전히 금지하자 점유율을 35%까지 높이며 1위를 꿰찼다.

비트코인 간접투자를 원하는 글로벌 기관 투자가들은 이런 현상을 두 팔 벌려 환영할 만하다. 그동안 중국의 비트코인 채굴장은 불투명한 회계처리와 화력발전으로 생산된 전기를 사용하여 환경오염을 일으키는 등의 이유로 투자를 하고 싶어도 하기 어려운 대상이었다.

반면에 북미 지역 채굴기업들은 나스닥에 상장되어 있어 정보도 비교적 투명하게 공개하고 대부분 친환경 전기를 사용해 채굴하므로 투자 대상으로 삼기에 좋다. 투자하는 기업들의 ESG 준수 여부까지 꼼꼼히 따져야 하는 기관들로서는 비트코인 채굴산업의 주 무대가 중국에서 미국으로 옮겨오는 현상이 반가울 수밖에 없다.

비트코인 채굴기업의 경쟁력은 남들보다 앞서 얼마나 많은 비트코인을 채굴할 수 있느냐에 달려 있다. 과거에는 경쟁자보다 더 많은 비트코인을 채굴할 수 있는 능력이 채산성에 달려 있었다. 즉 남보다 값싼 전기를 사용해 고정비를 낮춰서 마진율을 높이고, 이렇게 더 많은 수익을 남긴 기업일수록 기계 등 시설 확충에 공격적으로 재투자해 생산성을 높임으로써 경쟁에서 이기는 방식이었다.

경쟁이 심화하자 채산성 정도는 기본적으로 갖춰야 할 요건이 되었다. 요즘은 얼마나 값싼 전기를 공급받는지보다는 얼마나 많은 자본을 끌어올 수 있는지가 채굴기업의 경쟁력을 판가름한다. 대규모 자금을 운용하는 벤처캐피탈과 헤지펀드들은 비트코인 채굴기업에 투자할 때 다음 기준에 따라 투자 대상을 선택한다. 첫째, 채굴에 사용되는 전기의 클린에너지 비율이 얼마인가? 둘째, 경영진이 당초 발표한 계획대로 사업이 진행되고 있는가? 셋째, 채굴 시설이 있는 지역의 정부가 규제 친화적인가?

앞에서 소개한 미국과 캐나다 기반 비트코인 채굴기업들은 이 세 요건을 모두 충족하고 있기 때문에 지난 1년간 기관 투자가들로부터 대규모 자금을 유치할 수 있었다. 마라톤디지털홀딩스MARA: Marathon Digital Holdings는 2022년 1분기까지 채굴에 사용되는 전기의 70%를 탄소중립 방식으로 조달할 계획이며, 경영진이 지난 분기 실적발표 때 약속한 대로 채굴기 3만 대를 추가 매입하여 채굴기를 총 13만 3,000대 가동하겠다는 계획도 성공적으로 달성했다. 또 마라톤디지털홀딩스가 있는 몬태나주는 미국 로키산맥 부근의 주 가운데 와이오밍주와 콜로라도주에 이어 세 번째로 블록체인 산업 진흥법을 도입했다.

밸류에이션* 방법

이렇게 좋은 투자처로 떠오르는 채굴기업들의 가치는 어떻게 평가해야 할까? 나스닥에 상장된 기업들은 재무제표가 공개되어 있으니 간단하게 계산해볼 수 있다. 기본적으로는 미래에 벌어들일 비트코인 개수를 예측한 후, 이를 기반으로 자산가치에 멀티플Multiple, 성장 가능성을 몇 배로 적용할지만 결정하면 된다. 마라톤디지털홀딩스와 헛8HUT 8, 암호화폐 채굴회사의 재무제표를 예로 들어보자.

현재 두 회사의 시가총액은 마라톤디지털홀딩스가 37억 달러, 헛8이 15억 달러이며, 둘을 합치면 52억 달러약 6조 원 정도이다. 2021년 8월 기준, 양사가 한 달간 채굴한 비트코인 개수는 마라톤디지털홀딩스가 460BTC, 헛8이 362BTC로 둘이 합쳐 총 822BTC이다. 이를 통해 연간 비트코인 채굴량을 예측해보면 9,864BTC822×12=9,864이며, 이는 현재 비트코인 가격인 5만 달러를 기준으로 하면 약 5억 달러약 6,000억 원이다. 자산가치가 6,000억 원인 두 기업의 시가총액이 6조 원이므로 현재 두 기업의 멀티플은 10배이다.

만약 다음 반감기가 끝나는 2028년까지 두 회사가 지금처럼 비트코인을 연간 1만 개씩 채굴한다면 두 회사는 비트코인을

◆ Valuation, 애널리스트가 기업의 현재 가치를 판단하여 적정한 주가를 산정하는 일.

약 6만 개 보유하게 된다. 현재 비트코인 가격이 그때까지 유지되기만 해도 자산가치는 약 3조 원이며, 비트코인 가격이 두 배 오른다고 가정하면 6조 원이 된다. 여기에 멀티플 10배를 적용하면 두 회사의 가치는 60조 원이 되어 현재 시가총액의 12배가 될 수도 있다.

물론 이 계산은 어디까지나 두 회사의 핵심 자산인 비트코인의 가치가 적어도 지금 수준으로 유지되거나 높아지는 것을 가정하므로 맹신은 금물이다. 『블랙스완』의 저자 나심 탈레브처럼, 비트코인 가격이 '0'에 수렴할 가능성을 더 높게 점치는 사람이라면 비트코인 채굴기업에 대한 투자도 피해야 한다. 이 회사들의 가치는 비트코인의 가치와 운명 공동체임을 잊지 말자.

채굴에 대한 오해와 편견

지난 수백 년 역사가 증명했듯, 자유경쟁은 인류가 번영하는 가장 빠른 지름길이다. 세계 최초로 비트코인을 공식 결제수단으로 도입한 엘살바도르는 얼마 전부터 화산지열을 이용한 친환경 발전으로 비트코인 채굴을 시작했다. 미국 다음으로 높은 해시레이트를 보유한 카자흐스탄은 비트코인 채굴을 공식 산업으로 인정하고 자국 내에 기업들을 유치하는 데 총력을 기울이고 있다. 이렇게 전 세계의 정부, 기관, 기업이 너도나도 들어와 경쟁을 펼치면 산업 전체의 발전 속도도 기하급수적으로 빨라지게 된다.

　사실 그동안 비트코인 채굴기업들은 대중의 지탄을 받아왔다. 실체도 없는 비트코인을 캐내려고 너무 많은 전기를 쓰고 이산화탄소를 배출하여 지구 환경을 오염시킨다는 것이 이유였다. 과거 중국이 대부분의 비트코인 해시레이트를 점거하고 있을 때만 해도 이는 어느 정도 맞는 주장이었다.

　그러나 중국에서 북미 지역으로 비트코인 채굴산업의 거점이 이동한 뒤 클린에너지를 사용하여 고부가가치를 창출하는 유망산업으로 탈바꿈했다. 만약 그동안 비트코인이 무엇인지 이해하기 어려웠다면 비트코인 채굴기업들을 공부해보자. 남보다 훨씬 쉽고 간단하게 비트코인 세계에 입문하게 될 수도 있다.

　비트코인 채굴산업이 커지면서 기업 단위로 대규모 투자가 집행되고, 데이터센터와 맞먹는 규모로 채굴 시설들이 지어지기 시작했다. 개인이 집에서 혼자 채굴기 몇 대를 가동해서 채굴 보상을 가져갈 확률이 매우 낮아진 것이다. 그러자 비트코인을 채굴하고 싶은 일반 개인을 위해 채굴을 대신 해주는 호스팅 서비스가 등장했다. 현재 미국에서 가장 유명한 호스팅 서비스 업체는 컴퍼스 마이닝Compass Mining이다.

　2021년 8월 17일, 블록의 CEO인 잭 도시도 트위터를 통해 자신도 컴퍼스 마이닝을 통해 채굴을 해보려 한다고 밝혀 세간의 관심을 모았다.

컴퍼스 마이닝은 비트코인 전문 채굴기ASIC 호스팅 업체이다. 사용자가 구매한 채굴기를 대신 운영해주고 그 수수료로 영업이익을 남기는 사업모델을 가지고 있다. 2021년 중국에서 비트코인 채굴을 완전히 금지하자 해시레이트가 급감하고 채굴에 투입되는 비용이 하락했다. 이때 비트코인 채굴에 도전하는 개인 투자자가 늘면서 컴퍼스 마이닝까지 덩달아 유명해졌다.

홈페이지에 들어가 보면 이 회사가 미국과 캐나다 등 여러 지역에서 호스팅 시설을 운영하고 있다는 것을 바로 알 수 있다. 비트코인 채굴에서 경쟁자보다 높은 수익을 내려면 저렴한 전기료와 안정적인 운영 노하우가 필수적이다.

비트코인 채굴 전문 시설은 모두 전기료가 저렴한 지역수력 발전소 근처 등에 있어 가정집에서 직접 채굴기를 돌리는 것과는 비용 면에서 비교되지 않는 강점을 지닌다. 또 열이 많이 발생하는 채굴기를 시원하게 유지할 수 있는 온도, 습도 등도 중요한 요소이다 보니 여건에 따라 직접 운영하기보다는 이러한 호스팅 업체가 매력적일 수 있다.

컴퍼스 마이닝을 통해 비트코인 채굴을 시작하는 방법은 간단하다. 먼저 컴퍼스 마이닝 홈페이지에서 회원으로 가입한 뒤 마음에 드는 채굴기를 구매한다. 가격대와 브랜드별로 다양한 옵션이 있으며, 컴퍼스 마이닝에서 자체적으로 채굴기별 가격 대비 성능을 컴퍼스 스코어Compass Score라는 점수로 알려주므로

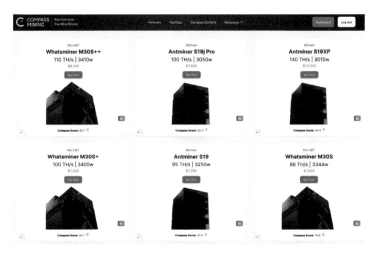

컴퍼스 마이닝은 가격대와 브랜드별로 다양한 채굴기 구매 옵션을 제공한다.
(출처: compassmining.io)

참고하면 된다.

채굴기를 구매한 후에는 해당 채굴기를 설치할 호스팅 시설을 선택한다. 지금 주문하면 언제 설치까지 완료되어 채굴을 시작하는지 대략적인 날짜까지 알 수 있다. 현재 전 세계적인 반도체 대란에 채굴기 구매 수요까지 몰려 대부분 모델이 지금 주문해도 4~5개월 후에야 호스팅 시설에 도착하는 상황이다.

비트코인을 채굴하려고 하면서 수익성을 고려하지 않을 수는 없다. 현재 수익성은 다소 하락한 상태인데, 가장 널리 쓰이는 채굴기인 비트메인의 엔트마이너 S19j 프로 100 제품 기준으로 하루에 약 12달러 수익이 발생한다. 2021년 11월에 하루 수익이 30달러를 상회한 것에 비하면 약 절반으로 감소했다.

수익성 하락 배경에는 그동안 비트코인의 달러 환산 가격이 2021년 11월 8일 고점인 6만 7,000달러 대비 절반 수준으로 하락한 점이 크게 작용했고, 채굴 경쟁이 심해져해시레이트 상승 채굴 보상을 얻을 확률이 줄어들었기 때문이다.

2022년 5월 19일 기준으로 컴퍼스 마이닝에서 엔트마이너 S19j 프로 100 채굴기를 하나 구매하여 미국 텍사스에 있는 호스팅 시설에 설치한다면, 예상되는 월간 수익은 약 356달러이고 전기료와 수수료를 포함한 월간 총비용은 약 190달러이다. 이 경우 순수익은 월 166달러이므로 채굴기 구매비용 7,800달러를 보전하고 수익 구간으로 전환되기까지는 약 47개월이 소요된다.

비트코인 가격이 지금보다 더 상승한다면 수익 구간으로 접어드는 기간 또한 더욱 짧아질 것이다. 물론 반대 경우에는 손해를 볼 수도 있으니 유의해야 한다. 그리고 컴퍼스 마이닝이라는 회사를 얼마나 신뢰할 수 있는지도 잘 따져봐야 한다. 결국 채굴기 구매를 위한 비용은 내가 내지만, 실제 보관과 운영은 컴퍼스 마이닝에서 하는 것이다. 그러므로 만약 이 회사가 나쁜 마음을 먹거나 부도가 나기라도 하면 큰돈을 들여 구매한 채굴기를 영영 구경조차 하지 못할 수도 있다.

그런 위험부담에도 불구하고 향후 비트코인이 네트워크 효과와 승자독식 메커니즘 영향으로 웹 3.0 세상을 지배하는 인터넷 프로토콜로 자리매김할 것이라고 믿는다면, 비교적 손쉽게 비트코인 채굴을 시작하여 고정 수입을 얻을 수 있게 해주는 컴퍼스 마이닝 채굴 호스팅에 도전해보는 것도 좋겠다.

Chapter 3

—

암호화폐 담보대출과
스테이킹

　세계적인 밀리언셀러 『부자 아빠 가난한 아빠』의 저자 로버트 기요사키는 '건강한 부채'의 중요성을 강조한 것으로 유명하다. 그는 좋은 빚과 나쁜 빚이 있다고 말했다. 새로운 현금흐름을 창출하여 내 자산을 증식시키면 좋은 빚이고, 반대로 아무 현금흐름을 만들지 못한 채 이자비용만 지출하게 하면 나쁜 빚이라는 것이다. 좋은 빚은 적극적으로 활용해야 하고 나쁜 빚은 최대한 빨리 없애는 게 좋다.

　미국 밀레니얼 세대의 전체 자산에서 암호화폐가 차지하는 비중이 50%에 달한다는 설문조사 결과가 있다. 이제 암호화폐는 로또처럼 '나도 돈 좀 벌어볼까' 하는 목적으로 잠깐 투자해보는 상품이 아니다. 요즘 젊은 사람들은 암호화폐를 주식, 채권, 파생상품, 부동산, 외환으로 일컬어지는 5대 투자자산에 편입되어야 할 자산 중 하나로 인식하고 있다.

암호화폐를 장기 보유하는 사람이 점점 늘고 있으며, 이들은 묶여 있는 암호화폐를 활용할 수 있는 금융 서비스를 원하고 있다. 바로 비트코인을 담보로 현금 대출을 받고 이를 지렛대 삼아 더 큰 수익을 올리는 '제2의 월급' 또는 '월급 외의 현금흐름 파이프라인'에 대한 관심이 늘어난 것이다.

암호화폐 담보대출 사례

이런 수요에 부응하고자 미국에서는 비트코인과 기타 알트코인을 담보로 현금 대출을 받을 수 있는 길이 열리고 있다. 구독자 34만 명을 보유한 경제 전문 유튜브 채널 마크 모스Mark Moss의 진행자 마크 모스는 최근 텍사스주의 오스틴 인근에 약 6만 6,000제곱미터 규모에 이르는 농장 겸 목장을 구입했다. 그는 영상에서 암호화폐 담보대출로 이 농장을 구입했다고 밝혔다.

우선 많은 지역 가운데 오스틴을 선택한 이유는 최근 이곳이 주정부의 적극적인 세제 혜택과 규제 완화 덕분에 기업들이 몰려들고 있기 때문이라고 한다. 페이스북의 모기업인 메타도 지난 1월, 오스틴에서 가장 높은 66층짜리 빌딩의 절반인 33개 층을 임대하

경제 전문 유튜버 마크 모스는 자신의 채널에서 암호화폐 담보대출로 농장을 구입했다고 밝혔다. (출처: https://www.youtube.com/c/MarkMoss)

여 2,000명이 넘는 직원이 일하는 공간으로 만들겠다는 계획을 밝혔다. 대부분은 현재 본사가 위치한 캘리포니아 팔로알토에서 넘어오지만, 400여 명은 오스틴 내에서 신규로 채용할 예정이다.

페이스북이 끝이 아니다. 삼성전자는 텍사스주 테일러시에 반도체 공장을 짓기로 했고, 일론 머스크의 테슬라도 현재 본사가 있는 팔로알토에서 오스틴으로 본사 이전을 고려하고 있다. 기업들의 러브콜에 텍사스 경제는 과거 어느 때보다 활력이 넘치고 있다.

마크 모스가 농장을 구입한 지역에는 미국 전역에서 알아주는 유명한 와이너리가 많다. 포도농장과 와인 생산시설을 함께 보유한 와이너리는 일반적으로 직접 와인을 구매하러 오는 VIP 고객을 위해 아름다운 투어용 시설을 마련해놓고 있다. 미국에서는 와이너리가 보유한 넓은 야외 장소와 시설을 결혼식장으로 이용하는 커플이 많다. 특히 오스틴 근처의 와이너리 지역은 결혼식 시즌만 되면 수만 명이 다녀가는 웨딩 핫스폿이다.

결혼식 시즌이 되면 전국 각지에서 많은 사람이 방문하다 보니 당연히 근처 호텔이나 에어비앤비는 문전성시를 이룬다. 미국은 워낙 땅이 넓어 당일치기로 결혼식에 참석하는 것이 어렵기도 하거니와, 결혼식이 열리기 며칠 전부터 결혼식장이 있는 시설에서 하객과 함께 파티를 즐기며 시간을 보내는 문화도 있다. 하객이 묵을 숙소를 잡기 위한 경쟁이 치열하다 보니 결혼식장 근처 에어비앤비의 매출이 굉장히 좋다고 한다. 더군다나 최근 들어 오스틴으로 둥지를 옮기는 기업이 늘어나면서 비단 결혼식 때문이 아니더라도 예약 건수가 꾸준히 늘고 있다.

마크 모스는 영상에서 농장 전체를 대략 200만 달러약 25억 원에 구매했는데 자기 돈은 한 푼도 들어가지 않았다고 밝혔다. 일부는 비트코인 담보대출을 받았고그는 비트코인 초기 투자자이다, 나머지는 은행에서 농장을 담보로 모기지론을 받아 마련했다.

마크 모스는 농장에 딸린 방 다섯 개짜리 집을 멋있게 꾸며 결혼식 시즌에만 에어비앤비에 내놓고, 비시즌에는 자신과 가족

이 휴가를 보내는 별장으로 쓸 예정이다. 주변에 규모가 비슷한 에어비앤비 숙소를 조사해보니 결혼식 시즌에만 운영해도 월 1,800만~2,400만 원 정도 순수익이 예상되었고, 이는 농장 구입을 위해 대출받은 200만 달러에 대한 이자비용보다 2~3배 많은 수준이다.

비트코인 담보대출을 활용해 월평균 2,000만 원이 꾸준히 들어오는 사업을, 그것도 내 돈 한 푼 들이지 않고 시작한 셈이다.

담보대출은 어떻게 받는 걸까

미국에는 비트코인을 담보로 대출을 받는 방법이 꽤 있다. 원래는 코인베이스북미 최대의 암호화폐 거래소, 블록파이BlockFi, 암호화폐 대출 및 예치 서비스 등 암호화폐 기반 신흥 핀테크 기업들에서만 해당 서비스를 제공했다. 그런데 올해 4월, 마침내 초대형 투자은행 골드만삭스까지 이 시장에 진출했다. 이제 골드만삭스 고객은 비트코인을 담보로 대출을 받을 수 있게 됐다.

물론 골드만삭스는 우리나라로 치면 제1 금융권이기 때문에 대출자의 신용도와 연체 가능성 등을 조금 더 철저히 조사하겠지만, 암호화폐를 전문적으로 다루는 핀테크 서비스인 경우 보통 초과담보를 설정한다. 그래서 신용도, 직장 재직 여부, 소득 증빙 등 은행에서 일반적으로 요구하는 복잡한 서류를 제출하지 않고도 간편하게 대출을 받을 수 있다.

예를 들면 1억 원어치 비트코인을 담보로 설정하면 7,000만 원까지 대출이 나오는 식이다이때 LTV 또는 담보대출비율은 70%. 1억 원을 담보로 맡기고 7,000만 원만 빌릴 수 있는 거래가 언뜻 불공평해 보이고 누가 이런 서비스를 이용하는가 싶을 수도 있겠다. 그러나 비트코인을 많이 보유한 사람에게는 자신이 보유한 비트코인을 팔지 않고도 단기 현금 유동성을 만들 수 있다는 장점이 있다.

이때 대출자가 신경 써야 하는 리스크는 담보로 맡긴 비트코인 가격이 너무 급격히 떨어져 청산당하는 경우이다. 아직은 비트코인의 가격 변동성이 크다 보니 충분히 발생할 수 있는 일이지만, LTV를 보수적으로 잡을수록 위험도 역시 내려간다.

핀테크 서비스 입장에서는 대출자가 빌려 간 7,000만 원을 갚지 못하고 부도를 내거나 이자 상환을 연체하면 담보로 잡아놓은 비트코인을 청산하면 된다. 만약 비트코인 가격이 갑자기 하락하여 담보 가치가 일정 수준 이하로 떨어지면 담보로 설정한 비트코인을 시장에서 청산하여 대출을 상환할 수도 있다.

아쉽게도 우리나라에서는 암호화폐 관련 법률이 미비하여 아직은 비트코인을 담보로 현금 대출을 받을 수 있는 서비스는 없다. 그 대신 USDT, USDC 등 암호화폐 시장에서 가장 많이 쓰이는 달러 기반 스테이블 코인을 대출할 수 있는 곳을 소개한다.

아브라

아브라Abra는 암호화폐 전문 자산관리 서비스를 목표로 2014년에 설립된 회사이다. 2021년 9월에 약 600억 원 규모의 시리즈 C 투자 유치에 성공하여 사업성을 인정받았으며, 지금까지 큰 사고 없이 안정적으로 서비스를 제공하고 있다.

비트코인과 이더리움을 담보로 스테이블 코인인 USDT, USDC, TUSDTrueUSD를 대출받을 수 있는 서비스이다. 비록 직접 현금을 대출할 수 있는 것은 아니지만 달러 기반 스테이블 코인을 거의 실시간으로 대출할 수 있다. 특이한 점은 LTV를 15%로 설정하면담보 가치의 15%만 대출 대출금리가 0%라는 것. 예를 들어 수중에 1,000만 원어치 비트코인이 있다면 즉시 150만 원

아브라 홈페이지에서 제공하는 대출이자 계산기 화면. LTV가 15%인 경우는 금리가 0%로 설정된다. (출처: abra.com)

을 스테이블 코인 형태로 대출할 수 있으며, 이때 매월 내야 하는 대출이자는 0원이다. 대출 기간은 최대 3년까지 설정할 수 있다.

현재 모바일 앱에서만 서비스를 지원하므로 구글 플레이스토어나 애플 앱스토어에 접속하여 스마트폰에 앱을 다운로드해야 이용할 수 있다. 이름과 휴대전화 번호를 입력하는 간단한 과정을 거치면 회원 가입이 완료되며, 여권 정보를 등록해 신원 인증을 완료하면 본격적으로 담보대출Borrow 서비스를 이용할 수 있다.

비트코인을 비롯한 여러 종류의 암호화폐를 예치하면 소정의 이자수익을 얻을 수 있는 이자 받기Earn 서비스가 있고, 암호화폐끼리 아브라 앱에서 실시간으로 환전할 수 있는 거래하기 Trade 서비스도 함께 제공하므로 담보대출 서비스와 함께 적절히 이용하면 된다.

레든

레든Ledn은 캐나다에 본사를 둔 암호화폐 종합 금융 서비스이며, 2018년에 설립되었다. 시드 라운드에서만 약 50억 원 투자를 유치하여 높은 성장 가능성을 인정받았다. 투자사 명단에는 CMT 디지털CMT Digital, 코인베이스 벤처스Coinbase Ventures, 파라파이 캐피탈ParaFi Capital 등 내로라하는 벤처캐피탈들이 있으며, 국내 유명 투자사 해시드도 참여했다고 알려져 있다.

레든 홈페이지에 접속해 회원 가입 후 여권 사진을 업로드하는 등 간단한 신원 인증 절차를 거치면 바로 비트코인을 입금할 수 있다. 준비가 끝난 후 담보매출Borrow 메뉴로 가면 비트코인을 담보로 실제 달러 현금과 USDC 스테이블 코인 중 하나를 선택해 대출을 받을 수 있다. 참고로 달러 현금 대출 서비스는 미국에 은행 계좌를 보유하고 있어야만 이용할 수 있다. LTV는 50%이고 금리는 연 7.90%이다. 대출 기간은 최대 12개월까지로 설정할 수 있다.

레든에서는 달러 현금 대출 외에도 B2X라는 독특한 대출 서비스도 이용할 수 있다. B2X는 비트코인을 담보로 설정한 만큼 똑같은 액수의 비트코인을 대출해주는 기능이다. 예를 들어 1비트코인을 B2X 메뉴에서 담보로 설정하면, 즉시 1비트코인이 대출로 더 주어지는 방식이다. 비트코인 보유량이 일시적으로 두 배가 되므로 비트코인 가격 상승이 예상되는 시기에 사용하면

레든에서는 2022년 5월 29일 기준, 1비트코인을 담보로 약 1만 4,417달러 가치를 대출할 수 있다. 달러와 USDC 중 선택할 수 있다. (출처: ledn.io)

좋다. 단, 연간 이자와 수수료를 합쳐서 10% 정도 비용이 발생하므로 예상 가격 상승분이 적어도 10%를 넘을 때만 이용하는 것을 추천한다.

스테이킹 서비스 활용법

앞에 소개한 두 서비스 모두 담보대출 외에 예치 서비스까지 함께 제공한다. 아브라에서는 언Earn이라는 메뉴명을 사용하며 총 열 종류 코인에 대해 최대 연 10% 이자를 제공한다.

아브라에서 제공하는 코인별 이자율. (출처: abra.com)

레든에서는 세이브Save라는 메뉴명을 사용하며, 담보대출과 마찬가지로 비트코인과 USDC 두 종류 코인에 대해 이자수익을 제공한다. 2022년 5월 기준으로 홈페이지에 고시되어 있는 비트코인 이자율은 연 5.25%, USDC 이자율은 연 7.50%이다.

스테이킹 서비스를 이용할 때 조심해야 할 점은 절대 여기에 모든 자산을 넣어서는 안 된다는 것이다. '이자'라는 용어를 사용하니까 마치 은행 예금처럼 무위험 수익이 나온다고 생각할 수 있지만, 사실 아브라나 레든이 정확히 어떤 구조로 이자수익을 만들어내는지는 정확히 공개되어 있지 않다.

두 서비스 모두 담보대출을 서비스하고 있으니 여기에서 발생하는 수익 중 일부를 예치자에게 지급할 이자 재원으로 사용할 것이라고 여길 뿐이다. 이들이 얼마나 안정적으로 이자 재원을 만들어내고 있는지는 불투명하며, 아직 전 세계적으로 암호화폐 예치와 관련된 법규와 제도가 미비하여 문제 발생 시 예금자 보호를 적용받을 방법도 없다.

내가 2019년부터 운영하고 있는 암호화폐 예치 서비스 샌드뱅크Sandbank도 고객이 예치한 암호화폐에 수익을 제공하고 있다. 앞선 두 서비스와 다른 점은 대출에서 벌어들인 수익을 이자 재원으로 사용하는 것이 아니라, 고객의 예치금을 자체적으로 운용하여 수익을 만들어낸다는 점이다. 그런 면에서 봤을 때 은행 예금이라기보다는 오히려 펀드와 비슷한 형태라고 볼 수 있다.

샌드뱅크에서는 현재 비트코인, 이더리움, 리플Ripple, USDT 스테이블 코인에 대한 예치 수익을 제공하고 있다. 수익률은 코인 종류와 예치 기간에 따라 다르게 적용된다. 언제든지 원할 때 출금할 수 있는 자유입출금의 수익률은 연 2~6%대이며, 30일 만기가 지나야 출금할 수 있는 상품의 수익률은 연 5~10%대로 좀 더

샌드뱅크 홈페이지 메인 화면. (출처: sandbank.io)

높다. 만기가 90일과 180일로 늘어날 경우는 수익률이 더 높아
진다.

　국내외에 여기서 소개한 서비스 외에 더 많은 예치 서비스가
있다. 이들 중 어디가 가장 안전하면서도 높은 수익을 벌어줄
수 있는 곳인지는 사용자 스스로 관련 정보를 찾아보거나 직접
앱을 사용해보고 판단해야 한다. 앞서 테라루나와 앵커 프로토
콜을 예로 들어 디파이가 지닌 위험성을 설명했는데, 예치 서비
스 역시 기본적으로 코인의 소유권이 나의 통제 권한을 떠나 해
당 업체로 넘어가는 것이므로 다양한 위험에 노출될 수 있다는
점을 기억해야 한다.

　암호화폐 업계에는 "당신의 열쇠가 아니면, 당신의 코인도 아
니다Not your keys, not your coins."라는 격언이 있다. 본인이 프라이

샌드뱅크가 제공하는 30일 만기 상품의 코인별 수익률(APY). (출처: sandbank.io)

빗 키Private key, 개인 키를 통제하고 있는 지갑에 코인을 보관하고 있어야 '내 코인'이라고 부를 수 있다는 뜻이다. 디파이나 예치 서비스에 코인을 맡기는 즉시 코인의 운명은 해당 업체의 운명과 함께하게 된다. 그러므로 암호화폐에 안전하게 투자하려면 대부분의 자산을 개인지갑에 보관하는 습관을 들이는 것이 좋다.

개인지갑에 접근할 수 있는 프라이빗 키는 오직 자기만 알고 있으면서 절대로 잊어버릴 수 없는 장소에 보관해야 한다. 그리고 디파이나 예치 서비스에는 잃어도 큰 타격이 없는 수준의 금액만 일부 꺼내서 투자하는 것이 바람직하다.

Chapter 4

—

DAO에서
수입 만들기

앞서 DAO라는 조직이 지닌 구조적 한계와 익명성을 악용한 러그풀 사태 등 부작용을 주로 설명하기는 했지만, 정직한 사람이 올바른 방법으로 사용하기만 한다면 DAO는 웹 3.0 세상에서 매우 훌륭한 수익 창출 수단이 될 수 있다.

DAO는 쉽게 설명하면 어떤 특정 목표를 이루기 위해 마음 맞는 사람끼리 모인 그룹 또는 조직이다. 인터넷에서 결성되기 때문에 목표에 동의하는 사람이라면 전 세계 어디에 있든 참여할 수 있고, 자금 모집도 암호화폐 형태이므로 환전이나 국제송금 같은 번거로운 과정이 없다는 것 등이 큰 장점이다.

반면에 인터넷의 익명성과 물리적으로 만나지 않는 점을 악용한 사기가 많이 발생한다는 점, 설령 사기가 아니라고 해도 권력의 위선 문제로 인해 커뮤니티의 합의하에 의사결정을 내리지 못하고 결국 창업자에게 모든 권한이 쏠리며 프로젝트의 방향이 사적인 이익을 따라 흘러가는 점 등은 단점으로 꼽힌다.

결국 이런 단점을 최소화하는 것이 성공적인 DAO를 만들 수 있는 요건인 셈인데, 가장 좋은 방법은 목표를 최대한 간단하게 잡는 것이다. 누구나 공감할 수 있고 의사결정이 필요할 때 합의를 이끌어내기 쉬운 목표, 간단한 예로 '팬클럽 DAO'가 있다. 말 그대로 개인이나 소규모 그룹이 본인의 성공을 목표로 DAO를 결성하고 이를 응원하는 팬들이 가입하여 공동의 목표를 위해 함께 일하는 것이다.

암호화폐 인플루언서가 만든 아이린DAO

아이린 자오는 중국 태생현재 싱가포르 거주 암호화폐 인플루언서이다. 인스타그램과 트위터 등 본인의 SNS에서 암호화폐, 블록체인, 웹 3.0과 관련해 다양한 활동을 펼쳐왔다. 현재 인스타그램 팔로어 43만 명, 트위터 팔로어 17만 명에 이르는 커다란 팬덤을 보유하고 있다.

그는 올해 1월, 본인의 이름을 딴 아이린다오IreneDAO를 만들어 팬들을 대상으로 NFT 1,106점을 발행하여 판매했다. 이를

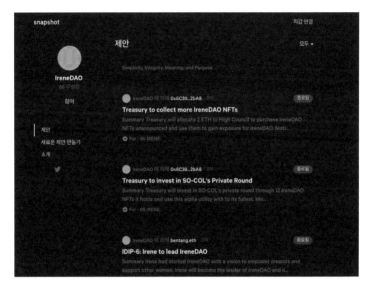

아이린다오는 운영방안 관련 안건이 생기면 커뮤니티에 제안하고 구성원들이 투표해 진행
여부를 결정한다. (출처: https://snapshot.org/#/0xirenedao.eth)

통해 600만 달러약 80억 원에 이르는 수익을 올렸다고 알려졌다.
수익금 중 약 1억 원은 아동학대 방지를 위해 싸우는 비영리 재
단에 기부했고, 나머지는 DAO 운영을 위한 기금Treasury 조성에
사용했다고 한다.

　아이린다오 NFT를 소유하면 일종의 VIP 커뮤니티 채널에 입
장하여 아이린과 직접 소통할 수 있으며, 로스앤젤레스에서 열
리는 아이린다오 밋업 행사에 초대되어 그를 직접 만날 기회도
얻을 수 있다. 또 아이린다오 운영방안과 관련된 제안이 커뮤니

티에 올라올 때마다 스냅샷Snapshot 투표 툴 등을 이용해 투표할 수 있는 권리도 얻게 된다.

홈페이지에 나와 있는 정보에 따르면 아이린다오를 설립한 목적은 아이린의 팬, 즉 NFT를 소유한 사람들에게 그가 지닌 SNS 영향력과 이번에 NFT를 판매하여 모은 DAO 기금을 활용하여 지속적으로 다채로운 혜택을 제공하는 것이라고 한다. 또 그와 같은 온라인 크리에이터들이 SNS 플랫폼에 돈 한 푼 못 받고 공짜 콘텐츠를 올리다가 어느 정도 유명해진 뒤에야 광고로 수익을 얻는 것이 기존의 패턴이었는데, 웹 3.0에서는 팬들에게 직접 콘텐츠를 판매하여 돈을 벌 수 있음을 증명하고 싶다고 밝히고 있다.

아이린 자오가 얼마나 신뢰할 수 있는 인플루언서인지는 나도 잘 모른다. 따라서 아이린다오의 성공 여부도 논할 수 없다. 여기에서 말하고 싶은 것은 그의 팬이 되거나 아이린다오의 NFT에 투자하라는 것이 아니라, 본인이 아이린 자오 같은 SNS 인플루언서라면 한번 본인만의 DAO를 만들고 NFT나 토큰을 발행하여 본인의 가치를 높이는 데 활용해보라는 것이다.

사실 팬클럽이야 이전부터 네이버 카페에도 만들 수 있었고 조금 더 공을 들이면 직접 홈페이지를 제작할 수도 있었다. 그러나 이것들은 단순히 팬과 인플루언서 간에 소통하는 채널 역할에 그칠 뿐이다. 반면에 DAO를 만들면 인플루언서는 '나'라는 사람의 가치를 토큰이라는 형태로 만들어 시장에 내놓고 본인이 열심히 활동하는 만큼 토큰의 가치가 올라 부도 함께 늘어나게 되는 새로운 길이 열리는 것이다.

팬의 입장에서는 좋아하는 인플루언서를 응원하고 서포트하는 것을 뛰어넘어 그의 미래가치에 미리 발을 담글 수 있게 된다. 즉, 만약 자신이 좋아하는 인플루언서가 가까운 미래에 더욱 유명해지고 몸값이 올라갈 것이라고 생각한다면 DAO에서 발행한 NFT나 토큰에 투자하여 그의 성장에 대한 결실을 함께 누릴 수 있는 것이다. 마치 앞으로 잘될 것 같은 기업의 주식에 선제적으로 투자하는 것과 비슷하다.

본인이 가치 있는 콘텐츠를 만들어 대중에게 제공하는 크리에이터라면 웹 3.0에서 DAO 설립자가 되어보자. 어쩌면 인스타그램과 유튜브에서 나오는 광고 수익이나 아프리카TV에서 받는 별풍선 수익보다 더 큰 부가가치를 창출할 수도 있다. SNS에서 본인의 이름값이 높아질수록, 그리고 그 가치가 팬들에게도 돌아갈 수 있게 DAO 운영을 잘할수록 더 많은 사람이 DAO에 가입하려고 줄을 설 것이다.

골프장 회원권이 NFT로 판매한 링크DAO

물론 개인이 지닌 가치를 DAO로 만드는 것보다 훨씬 더 복잡하고 달성하기 어려운 목표를 이루기 위해 DAO를 만들고 싶

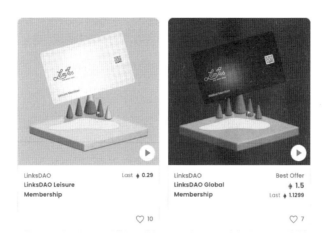

LinksDAO   Last ◆ 0.29
LinksDAO Leisure
Membership

                                              ♡ 10

LinksDAO   Best Offer
LinksDAO Global   ◆ 1.5
Membership   Last ◆ 1.1299

                                              ♡ 7

링크다오는 두 종류의 NFT를 발행했다. (출처: linksdao.io)

은 경우도 있을 것이다. 이것에 대해 본격적으로 논하기 전에 먼저 한 가지 알아두어야 할 사실이 있다. 혼자서는 달성하기 어려운 원대한 목표를 이루기 위해 다른 사람과 협동하는 방식 중 현재 가장 많이 쓰이는 것은 바로 주식회사 제도이다. 예전에는 길드동업조합, 협동조합 등 다른 형태 조직도 많았지만 오늘날에는 거의 사라지고 주식회사 제도가 가장 보편적으로 쓰이고 있다. 그만큼 완성도가 높은 제도이기 때문이다.

주식회사의 가장 큰 장점은 경영진의 횡포를 막는 견제 장치가 많다는 점이다. 앞에서도 설명했듯이 모든 권력은 위선을 낳는다. 만약 기업 경영진이 회사를 제대로 운영하지 않고 태업을 하거나, 자신들의 사익 편취를 추구하는 방향으로만 경영하게 되면 즉시 이사회와 주주의 제재를 받게 된다. 경우에 따라서는 경영진에서 해임될 수 있고 주주의 가치에 손해를 입히면 형사 처벌 대상이 되기도 한다.

　DAO에는 근본적으로 이를 미연에 방지할 법적·제도적 장치가 없다. 따라서 달성하려는 목표가 복잡하면 복잡할수록, 얽혀 있는 이해관계자가 많으면 많을수록 문제가 발생할 확률이 높아진다. 그럼에도 불구하고 DAO를 통해 큰 목표를 달성하려면 적어도 다음 두 가지 요건은 충족해야 한다. 첫째, 충분히 실현할 수 있으면서 현실적인 목표를 설정할 것. 둘째, 설립자가 DAO 운영에 미치는 영향을 최대한 빨리 줄여나갈 것.

　최근 미국에서 이 두 가지 요건을 어느 정도 충족하고 있는 것으로 보이는 DAO가 하나 등장해서 눈길을 끈다. 이 책의 초반에서도 언급한 링크다오인데, 이 DAO는 미국에 있는 PGA급 국제규격 골프장 두 개를 구입할 목적으로 결성되었다. 골프장 구입 자금을 모으려고 NFT를 9,090개 발행했으니, 일단 NFT의 사용처가 명확하다. NFT는 총 두 종류로 나뉘어 발행되었다. 하나는 일반 등급 레저 멤버십총 6,363개 발행, 나머지 하나는 VIP 등급 글로벌 멤버십총 2,727개 발행이다. NFT는 성공리에 판매되었고 약 120억 원의 규모 자금이 모집되었다.

　레저 멤버십 NFT 소유자에게는 링크다오가 앞으로 구매할 골프 클럽의 회원권을 살 권리, DAO 운영방안 제안에 투표할 권리, 골프장 이용료와 굿즈 할인 혜택, 멤버 전용 커뮤니티 채널 입장 권한, 링크다오 골프리그 참가 권한이 주어진다. 이보다 등급이 높은 글로벌 멤버십 NFT 소유자에게는 레저 멤버십이 제공하는 모든 혜택과 함께 네 배 높은 투표권, 골프 클럽 회원권을 두 장 사거나 가족 회원권을 한 장 살 수 있는 권리, VIP 전용 오프라인 이벤트 참여권까지 주어진다.

오픈시에서 거래되는 두 NFT의 가격은 지난 1월 12일, NBA의 슈퍼스타 스테픈 커리가 두 종류 NFT를 각각 하나씩 구매한 것이 알려지면서 급등하기도 했다. 스테픈 커리의 구매가는 각각 0.29ETH과 1.12ETH였는데, 바로 다음 날 평균 거래 가격이 0.76ETH과 2.12ETH까지 올랐다. 지금은 다시 절반 정도 하락해 평균 0.35ETH과 1.1ETH에 거래되고 있다2022년 6월 2일 기준.

또 하나 링크다오에서 주목할 만한 점은 구매한 골프장의 운영은 '링크다오 Inc.'라는 별도 법인을 세워 모든 권한을 일임할 예정이라는 사실이다. NFT 소유자들은 이 법인의 지분을 우선적으로 매수할 권리가 있지만, 자신이 직접적으로 골프장 자산을 소유하거나 운영에 참여하지는 못하게 되는 셈이다. 이는 링크다오의 설립자들과 NFT를 많이 보유한 소수 이해관계자 사이에 발생할 수 있는 위선 형성의 문제를 꽤 효과적으로 방지할 수 있는 장치로 보인다.

DAO는 웹 3.0 커뮤니티에서 팬덤을 확보하고 사업 영역을

확장하는 역할을 담당하고, 복잡한 골프장 운영과 자산 소유권은 법인에 맡김으로써 이해관계의 충돌이 발생할 가능성을 낮출 수 있다. 법인이 할 일을 제대로 해서 골프장을 성공적으로 운영하고 매출이 성장하면 골프장

웹 3.0과 골프를 연결하려는 목표를 세운 링크다오. (출처: 트위터 @LinksDAO)

회원권과 마찬가지인 NFT의 가치도 안정적으로 유지될 것이고, 링크다오도 새로운 골프장 매물을 물색하는 등 계속해서 사업 영역을 확장할 수 있을 것이다.

참고로 링크다오는 아직 골프장 구입에 성공하지는 못했다. 목표로 삼고 있는 PGA급 국제규격 골프 코스의 가격이 최소 수백억 원에 달하기 때문에 추가로 투자를 유치해야 하는 상황이다. 얼마 전 미국의 유명 골프웨어 브랜드 캘러웨이Callaway가 현재 진행 중인 링크다오의 투자 라운드에 참여했다는 소문이 나오는 것을 보면 추가 자금 모집은 순항 중으로 보인다. 만약 투자 유치에 성공하여 골프장 구매가 현실화되면, 길지 않기는 하지만 DAO 역사의 한 페이지를 장식할 커다란 사건이 될 것임이 분명하다.

물론 실패할 가능성도 높다. NFT 회원권 9,090장이 매진된 것은 대단한 일이지만 금액으로 보면 목표했던 골프장 두 개를 구매하는 데는 자금이 턱없이 부족하다. 올해 들어서만 이더리움 가격이 고점 대비 50% 이상 하락한 것도 불안 요소이다. 만약 하락장이 계속되어 암호화폐 투자자의 심리가 얼어붙으면 링크다오 NFT 가격도 하락할 수 있다. 이는 사모펀드나 벤처캐피탈에서 외부 투자자를 유치하여 골프장 구입에 필요한 자금을 마저 충당하겠다는 계획에 빨간불이 켜질 수 있음을 의미한다.

링크다오는 올 상반기 안에 DAO 운영을 위해 쓰일 링크스LINKS 토큰을 발행한다는 계획을 발표했다. 앞서 소개한 아이린다오가 스냅샷에서 DAO 운영방안에 대한 투표를 진행한 것처럼, 링크스 토큰 보유자들도 앞으로 링크다오가 어디에 있는 골프장을 구매할지 등 안건이 올라올 때 토큰 보유량만큼 투표권을 행사할 수 있게 된다. 토큰이 발행되면 기존 NFT 보유자들은 일부 물량을 에어드랍받게 될 것이며, 글로벌 멤버십이 레저 멤버십보다 네 배가량 많은 토큰을 받게 될 것이다.

아직 어떻게 토큰이 분배될지 자세한 계획이 나오지는 않았지만, 과연 BAYC의 에이프다오ApeDAO가 발행한 에이프 코인의 경우처럼 BAYC 설립자들과 초기 투자자인 벤처캐피탈들의 지배력을 더 공고히 하는 수단으로 전락할지, 아니면 정말 의사결정 권력을 링크다오 커뮤니티에 분배하여 합의를 이끌어내는 수단으로 쓰이게 될지 지켜볼 일이다.

링크다오 설립자들의 신상은 모두 공개되어 있다. 모두 현생에 직업이 있는 사람들이라 링크다오에는 파트타임으로만 참여하고 있다고 나와 있다. 이처럼 DAO의 장점은 혼자서 달성하기는 어렵지만 그렇다고 회사를 세워 풀타임으로 시간과 리소스를 투입해야 할 정도로 힘들지는 않은 일을 인터넷에서 사람을 모아 함께 도전할 수 있다는 것이다.

만약 지금 머릿속에 좋은 사업 아이디어가 있는데 직장을 다니고 있거나 현생이 너무 바쁘다면 DAO를 만들어보면 어떨까? 전 세계에서 마음 맞는 사람을 찾아 자금을 모으고, 공동의 목표를 달성하고자 함께 열심히 활동하다 보면 웹 3.0에 만든 '부캐'가 버는 돈이 현생의 수입을 뛰어넘게 될 수도 있으니 말이다.

우리가 잊지 말아야 할 것들

국내외를 막론하고 언론과 유명인들이 웹 3.0에 대해 설명할 때에는 항상 '토큰'의 필요성을 강조한다. 이전 세대 인터넷이 읽기와 쓰기까지 제공했고 웹 3.0부터는 소유의 기능이 추가된다는 개념까지는 잘 설명하는데, 갑자기 소유가 가능해지려면 토큰이 필요하다는 이상한 논리로 빠지는 경우가 대부분이다. 그럴 때마다 나는 사람들이 지난 2017년 ICO 버블 붕괴 사태에서 도대체 무엇을 배웠는지 의문이 든다.

테라 사태

내가 어떤 웹 3.0 애플리케이션을 사용해보니 너무 마음에 들었다고 치자. 해당 서비스에서 발행한 토큰을 사고, 서비스 방향성에 대한 의사결정을 할 때마다 가진 토큰만큼 투표권을 행사하고, 토큰 보유자들을 대상으로 밋업이 열릴 때마다 참가할 권한을 얻으면 내가 인터넷을 소유하게 되는 걸까? 이건 그냥 기존에도 존재하던 주식회사 시스템을 '토큰' 버전으로 만든 것일 뿐이다. 아니, 오히려 토큰은 사기를 근절하고 투자자를 보호할 법적·제도적 장치가 전무하기 때문에 주식시장보다 더 열등한 버전이라고도 할 수 있다. 나는 자유시장 경제를 누구보다 옹호하는 입장이지만 무법과 무정부주의를 주장하지는 않는다. 자유시장 경제가 가장 눈부시게 성장하는 순간은 오히려 법치주의가 제대로 확립되었을 때다. 법은 사회 구성원들이 지켜야 하는 최소한의 규칙이다. 누구든 이 규칙을 지켜야 한다는 사회적 인식이 형성되어야 공정한 경쟁이 성립된다.

우리나라는 금융범죄에 대해 너무 관대하다. 조희팔부터 IDS 홀딩스·VIK·라임·옵티머스 등 5대 사건의 피해자만 12만 명이다. 모두 평생 붕어빵 팔아서 판 돈, 배우자 사망보험금까지 빼앗긴 서민들이다. 이들의 피해 금액을 모두 합치면 10조 원이 넘는다고 한다. 그런데 '제 2의 조희팔' 김성훈 IDS홀딩스 대표는 징역 15년을, 김재현 옵티머스 대표는 25년형을 선고받는 데 그쳤다.

비단 금융범죄에 대한 형벌체계의 문제만은 아니다. 최근 내가 속해 있는 한 암호화폐 커뮤니티에서 회원들 간 테라루나 사태에 대한 갑론을박이 벌어졌는데, 꽤 많은 사람들이 "그냥 돈 잘 벌다가 운이 다해서 망한 거지 뭐가 사기냐."는 주장을 하는 것을 보고 깜짝 놀랐다. 하루아침에 무려 57조 원이 증발하고 국내에서만 20만 명의 피해자가 나온 사건을 두고 이렇게 단순하게 생각할 수 있다니 놀랄 일이다.

미국에선 대규모 금융사기가 발생하면 백 년 이상의 징역형도 흔히 볼 수 있다. 2008년 '메이도프 사건'이 대표적이다. 나스닥 증권거래소 위원장을 지낸 버나드 메이도프는 자신의 금융계 평판을 이용해 매달 10%의 이윤을 돌려주겠다며 투자자 3만 7000여 명을 상대로 650억 달러의 사기 행각을 벌였다. 미국 법원은 이듬해 70세인 메이도프에게 150년 형을 선고했다. 그는 가석방 없이 12년 수감 생활 끝에 2021년 4월 노스캐롤라이나의 한 교도소에서 82세로 생을 마감했다.

테라폼랩스UST와 루나 코인 운영사는 UST 스테이블 코인이 1달러 가치를 유지하는 방법이 상승장에서나 유지될 수 있는 취약한 차익거래 모델이었음에도 마치 획기적인 알고리즘인 양 포장하여 꾸몄다. 또한 앵커 프로토콜 디파이가 이미 예전부터 적자구조로 운영되었는데도 연 19.5% 확정이자를 계속해서 유지하며 그것이 마치 안전한 것처럼 홍보했다. 일부 코인 투자자들은 테라폼랩스의 권도형 대표도 잘해보려 했으나 하락장에 속절없이 당한 것일 뿐 애초에 사기를 칠 의도는 없었다고 주장한다. 그러나 다른 사람의 돈을 받아 관리하는 사업 운영자에게는 그보다 훨씬 무거운 책임이 있다. 공인 재무분석사CFA 자격증 레벨1 시험의 과목별 출제 비중에서 '윤리 강령Code of Ethics' 부분이 15%로 가장 높은 비중을 차지하는 것에도 다 이유가 있다. 투자자의 자산을 보호하고 안전하게 관리하는 것이 증권·금융 관련 전문인으로서 갖춰야 할 기본적인 윤리와 규범이기 때문이다.

나는 지금 시중에 존재하는 대부분의 암호화폐는 증권의 범주에 속한다고 생각한다. 솔직히 암호화폐 업계가 이 결론에 이르기까지 왜 그렇게 오랜 시간이 걸리는지 잘 이해가 되지 않는다. 지난 2017년 ICO 버블 붕괴 이후 2022년 테라루나 사태가 터질 때까지 약 5년이 흘렀지만 우리나라를 비롯한 대부분의 선진국에서는 아직까지 암호화폐에 대한 법적 정의조차 제대로 내리지 못했다. 이는 암호화폐 업계와 정치권이 함께 반성해야 할 문제다.

소유할 수 있는 인터넷

암호화폐가 증권이 아니라 기존에 없던 새로운 자산이라고 주장하는 쪽은 암호화폐가 '탈중앙화'되었기 때문에 증권이 될 수 없다는 입장이다. 2022년 6월 7일, 미국 의회에서 발의된 첫 번째 친암호화폐 법안인 '책임 있는 금융 혁신법Responsible Financial Innovation Act, 일명 루미스-길리브랜드 법안'의 Sec. 302에 보면 이 주장을 지지하는 내용이 들어가 있다. "만약 특정 암호화폐가 경영진 또는 운영진의 노력이 전혀 영향을 미치지 않는 수준으로 완전히 탈중앙화된다면 SEC미국 증권거래위원회에서 요구하는 정보공개 의무에서 벗어나고 증권이 아닌 상품으로 취급받을 수 있다."라는 조항이다. 그러나 나는 애초에 이것이 정말 가능하기는 한 것인지 의문이 든다.

자신이 직접 만든 제국을 스스로 떠나는 것은 누구에게나 정말 어려운 일이다. 지금까지 수많은 암호화폐, NFT, 그리고 DAO 프로젝트들이 '탈중앙화, 민주적 의사결정, 네트워크에 이바지한 만큼 보상 받는 생태계'를 내세우며 등장했지만, 창시자와 운영진의 영향력에서 완전히 벗어나 독자적으로 운영된 프로젝트는 없었다. 어쩌면 완전히 탈중앙화된 자산은 누군가 의도적으로 만들 수 있는 것이 아니라 역사의 우연에 의해 탄생하는 것은 아닐까?

지금 우리가 알고 있는 거의 모든 암호화폐는 항상 창시자와 소수의 내부자들이 프리세일과 프리마이닝을 통해 많은 양의 지분을 확보한 후에야 대중에 공개되었다. 이는 암호화폐의 미래 가격 상승을 암묵적으로 약속하고 특정 투자자들을 모아 판매한 행위이므로 투자 계약에 해당된다. 적절한 투자 계약은 증권법의 규제를 받게 되어 있으므로 이 범주에 속하는 암호화폐는 곧 증권이다.

반면, 비트코인의 창시자인 나카모토 사토시는 자기 자신이 비트코인의 유일한 노드일 때 채굴한 백만여 개의 비트코인을 놔두고 홀연히 자취를 감췄다. 이를 성경에 나오는 말을 빌려 '원죄 없는 잉태'라 부르는데, 그만큼 아무런 대가도 없이 세상을 이롭게 하는 발명품을 내놓고 홀연히 사라진다는 것은 오직 신만이 할 수 있을 정도로 어렵다는 것을 의미한다. 비트코인은 프리세일과 프리마이닝도 없었으며 예산을 잡고 마케팅을 하는 운영 조직도 존재하지 않는다. 그렇기 때문에 내 기준에선 법안에 적힌 대로 완전히 탈중앙화되어 상품의 지위를 획득할 수 있는 암호화폐는 비트코인 뿐이다.

나는 지금 비트코인 외 나머지 암호화폐는 모두 쓸모없다는 '비트코인 맥시멀리즘'을 이야기하려는 것이 아니다. 다른 암호화폐들도 각자가 지닌 사회적 역할과 필요성에 의해 얼마든지 존재할 수 있다. 그러나 그 구조가 증권에 해당한다면 증권법에서 요구하는 정보공개와 신고의무를 성실히 수행해야 한다. 대부분의 암호화폐가 사실상 탈중앙화되지도 않았으면서 아무런 규제를 받고 있지 않은 지금의 상황이 하루빨리 개선되지 않으면 테라루나 사태와 같은 일이 언제 어디서든 또 터질 수 있기 때문이다.

그렇다면 수많은 암호화폐 중 유일하게 증권이 아닌 완벽히 탈중앙화된 '자산Property'으로서 비트코인의 역할은 과연 무엇일까? 단순히 누구든 조금씩 투자하면 좋은 디지털 골드일 뿐일까? 아니면 글로벌 기축통화가 되어 미국 달러화의 역할을 대체할까? 어쩌면 마치 땅, 바다, 공기가 그것을 만든 조물주가 없는 탈중앙화된 자산이지만 인류가 번영하기 위해 꼭 필요한 재화로서 널리 사용되고 있는 것처럼, 비트코인도 인류의 번영을 위해 보다 중요한 역할을 담당하지 않을까? 비트코인을 인터넷 세상에 툭 던져진 주인이 없는 땅이라고 생각해 본다면 이 땅을 빨리 발견한 선지자들은 이미 자기 깃발을 꽂고 건물을 짓고 있을 수도 있다.

처음에 생각이 여기까지 다다르자 호기심이 생겨 참을 수 없었다. 그때부터 비트코인 관련 행사와 팟캐스트, 유튜브 영상들을 닥치는 대로 찾아보았고 곧 놀라운 것들이 보이기 시작했다. 이미 미국과 유럽 등 선진국에서는 비트코인 네트워크를 활용한 다양한 서비스들이 출시되고 있었고, 이들 서비스가 하나같이 입을 모아 내세우는 가치는 다름 아닌 '소유할 수 있는 인터넷'이었다. 바로 웹 3.0이 내세우는 핵심가치이다.

이들은 별도의 자체 토큰을 발행하지 않고 서비스를 론칭했으며 앞으로도 그럴 계획이 없다고 한다. 사용자가 인터넷을 소유한다는 개념은 경영진에서 억지로 사용성을 부여하여 발행한 토큰을 나눠 갖는 게 아니라 데이터를 소유한다는 개념이라고 설명한다. 이 개념을 실행하기 위한 '땅'으로서 비트코인 네트워크가 최적인 이유는 실제로 주인이 없기 때문에 사용자가 스스로 데이터 주권을 확보하기 가장 적합하며, 게다가 가장 오래되어 잘 개발되어 있고, 제일 넓기까지 하기 때문이다.

새로운 세계와 마주할 용기

나는 단순히 누구나 토큰을 발행하여 불특정 다수에게 팔수 있는 세상이 웹 3.0이 아니라는 메시지를 전하기 위해 이 책을 썼다. 웹 3.0은 그보다 훨씬 넓은 개념이다. 중앙, 집단, 획일에서 탈중앙, 개인, 맞춤으로 변화하는 트렌드의 발로이며 눈부신 속도로 발전중인 IT 기술의 집대성이다. 무엇보다 일각에서 '메타버스'라 불리기도 하는 디지털 가상세계가 커질수록 더욱 중요성이 부각될 개인 프라이버시와 데이터 주권의 보고寶庫이다.

부디 이 책이 앞으로 다가올 진짜 웹 3.0을 이해하는 데 도움이 되었기를 바란다. 우리가 하루 중 많은 시간을 보내는 인터넷은 앞으로 점점 더 급격하게 그 모습을 바꿀 것이다. 변화는 미리 준비하는 자에게는 기회가 되지만 그렇지 못한 자에게는 두려움이 된다고 했다. 독자분들이 인터넷에 부는 변화의 바람을 기회로 활용하는 데 이 책이 조금이라도 보탬이 된다면 나는 너무나 행복할 것이다.

내가 이 책을 쓰게 된 결정적인 요인은 나 역시 몇 권의 책으로 인해 인생의 방향성이 완전히 바뀌었기 때문이다. 한때 월급 잘 나오는 안정적인 직장을 다니며 평범한 삶을 살 것이냐, 실패할 가능성도 있지만 창업을 해볼 것이냐 기로에 섰던 적이 있다. 그때 엠제이 드마코의『부의 추월차선』과 로버트 기요사키의『부자 아빠 가난한 아빠』를 읽고 창업을 결심할 용기가 생겼고 나는 지금 그 결정에 너무나 감사하며 살고 있다. 그리고 스타트업을 운영하면서 운이 좋게도 모든 면에서 나보다 훨씬 뛰어나면서 내 삶에 긍정적인 영향을 주는 사람들을 많이 만날 수 있었다. 그들이 내게 미친 영향에 영원히 감사하며 살 생각이다. 앞으로 풍요로운 미래를 맞이하면서 인류가 가장 이상적인 모습으로 번영할 세상을 함께 만들어가도록 당신도 주변에 선한 영향을 끼치는 것에 적극 참여해줄 것을 당부한다.

당신이 주인이 되는 새로운 경제

웹 3.0 사용설명서

초판 1쇄 발행 2022년 7월 12일
초판 3쇄 발행 2022년 9월 20일

지은이 백훈종
발행인 장지웅
편집 선우지운
마케팅 이상혁
외주편집 이주희
본문디자인 김민주
표지디자인 공중정원

펴낸곳 여의도책방
인쇄 (주)예인미술
출판등록 2018년 10월 23일(제2018-000139호)
주소 서울시 영등포구 여의나루로 60 여의도포스트타워 13층
전화 02-6952-2431
팩스 02-6952-4213
이메일 esangbook@lsinvest.co.kr

ISBN 979-11-91904-18-5 03320